蒙以养正　书香致远

U1004650

蒙以养正　书香致远

小学校园文化建设巡礼

李　强　江长美◎主编

安徽师范大学出版社
ANHUI NORMAL UNIVERSITY PRESS
·芜湖·

图书在版编目(CIP)数据

蒙以养正　书香致远：小学校园文化建设巡礼 / 李强，江长美主编．— 芜湖：安徽师范大学出版社，2023.3

ISBN 978-7-5676-5715-1

Ⅰ.①蒙… Ⅱ.①李… ②江… Ⅲ.①小学—校园文化—建设—研究 Ⅳ.①G627

中国国家版本馆CIP数据核字(2023)第028622号

蒙以养正　书香致远——小学校园文化建设巡礼

MENG YI YANGZHENG SHUXIANG ZHIYUAN XIAOXUE XIAOYUAN WENHUA JIANSHE XUNLI

李　强　江长美◎主编

责任编辑：舒贵波

责任校对：童　睿

装帧设计：张　玲

责任印制：桑国磊

出版发行：安徽师范大学出版社

芜湖市北京中路2号安徽师范大学赭山校区　　邮政编码：241000

网　　址：http://www.ahnupress.com/

发 行 部：0553-3883578　　5910327　　5910310(传真)

印　　刷：苏州市古得堡数码印刷有限公司

版　　次：2023年3月第1版

印　　次：2023年3月第1次印刷

规　　格：700 mm × 1000 mm　　1/16

印　　张：9.75

字　　数：145千字

书　　号：ISBN 978-7-5676-5715-1

定　　价：45.00元

“蒙以养正 书香致远”编委会名单

前　言

万佛塔下始征程，仁和路畔展新颜。坐落于美丽鲲鹏湖畔的蒙城县城关第三小学仁和路校区（以下简称“蒙城三小仁和路校区”），有“蒙以养正，书香致远”的育人理念，有“腹有诗书气自华”的校训，有“最是书香能致远”的校风，有“粉笔无言写春秋”的教风，有“读书万卷始通神”的学风。

春，有樱花的芬芳；秋，有丹桂的馨香。这片沃土滋养了幼苗，培育了大树。这片沃土上，一群守候书香的引路人，聆听孩子的心声，关注孩子的成长，用爱诠释着德高身正，让每一个孩子因为有我们而幸福快乐；这片沃土上，一群不知疲倦的耕耘者，始终站在教改的前沿，把握时代的脉搏，勇于挑战自我与实践反思，厚识精业，自主合作；这片沃土上，一群充满激情的酿蜜者，带着乐享生活的成长者，认真书写“做人”与“育人”。我们的信念执着永恒，我们的追求历久弥新。

“书香致远”这四个字，最能概括“彼”之理想。然而，学校地处城南新区，学生多是留守儿童。一些家长对阅读认识不足，由此引发的阅读推广难题成为学校发展客观存在的“此”之现实。“彼”“此”之间，理想与现实的落差让学校不得不思考对策，展开行动。于是，学校依“书香致远”的理念，抓省建“智慧学校”的良机，靠师生“腹有诗书”的追求，开展“德育铸魂、智育提质、体教融合、美育熏陶、劳动促进”的实践探索，促进育人质量的全面提高。

这是一片培育英才的沃土，宁静中孕育着无限的希望，憧憬着美好的未来；这是一座凝重厚实的学苑，成长时传承着灿烂的文明，弘扬着科学的精神。

潮平两岸阔，风正一帆悬。我们相信，这美丽的校园，将插上腾飞的翅膀，创造新的辉煌！

李　强

2022年1月

目　录

养正篇

附录 校园文化建设掠影

养正篇

以习近平新时代中国特色社会主义思想为指导，深入贯彻习近平总书记关于教育的重要论述和全国教育大会精神，把立德树人的成效作为检验学校一切工作的根本标准，把师德师风作为评价教师队伍素质的第一标准，将社会主义核心价值观贯穿师德师风建设全过程，严格制度规定，强化日常教育督导，加大教师权益保护力度，倡导全社会尊师重教，激励广大教师努力成为“四有”好老师，着力培养德智体美劳全面发展的社会主义建设者和接班人。

一、师德师风建设方案

（一）目标任务

1. 全面加强教师队伍思想政治工作

坚持思想铸魂，用习近平新时代中国特色社会主义思想武装教师头脑。坚持价值取向，引导教师带头践行社会主义核心价值观。坚持党建引领，充分发挥学校党支部战斗堡垒和党员教师的先锋模范作用。

2. 大力提升教师职业道德素养

突出课程思政，在教育教学中提升师德素养；突出典型树德，持续开展优秀教师选拔工作；突出纪律教育，提升教师依法执教、规范执教能力。

3. 将师德师风建设要求贯穿教师管理全过程

严格考核评价，落实师德第一标准；严格师德督导，建立多元监督体系；严格违规惩处，治理师德突出问题。

4. 着力营造全社会尊师重教氛围

提高教师政治意识，激发教师工作热情；强化尊师教育，厚植校园师德文化；强化各方联动，营造尊师重教氛围。

（二）组织保障

成立师德师风建设领导小组。

组长：江长美（三小联盟党总支委员，仁和路校区党支部书记、校长）

副组长：代汉付（仁和路校区党支部委员、副校长）

成员：单祎（三小联盟党总支委员、仁和路校区党支部副书记）

孙永红（仁和路校区党支部委员）

李冉（仁和路校区党支部委员，后勤、安全、工会负责人）

汪娜（仁和路校区教导副主任）

侯磊磊（仁和路校区办公室主任）

范经天（仁和路校区少先大队辅导员）

（三）主要措施

1.加强师德师风学习，提高教师思想政治素质

（1）健全教师理论学习制度；制订学习日程表，定期组织教师集体学习。

（2）加大教师思想政治教育培训力度。

（3）坚持党建引领，充分发挥学校党支部和党员教师先锋模范作用。

2.加强师德教育，提高教师职业道德水平

（1）组织开展师德师风宣传教育活动。

（2）建立师德师风承诺制度。

（3）推行师德考核负面清单制度。对违反师德师风行为在评优评先、职称晋升、职务调整等方面实行一票否决。

3.加强模范引领，配合开展各项活动

配合上级教育主管部门开展系列主题活动，推动师德师风工作落到实处；配合教育局和盟校开展“我身边的好老师”活动，讲好身边的师德故事，弘扬高尚师德。

4.完善考核办法，落实师德第一标准

成立师德考核领导小组，加强对师德考核工作的指导、监督和审核。

"四有"好老师优秀作品选登

无怨无悔铸师魂

李　强

回首30多年教育生涯，看着一届届学生从我的班级毕业，望着一个个年轻教师成为教学的骨干，我欣慰地笑了，我用自己无悔的青春，践行教师的职责，铸就教师的灵魂，谱写教育的梦想。

1987年，我刚从蒙城师范学校毕业，就想去中学任以展示自己满腹的才华，然而事与愿违，我被分配到乐土小学，学校把毕业班的数学留给了我。我赌气回家，不去上班。教师节前一天，李宗云校长亲自跑到我家，说："明天是教师节，我来接李老师去学校过教师节，办公室给你整理好了，床、锅等用品都给你买好了。"我知道当时学校办公用房很紧张，很多老师都是集体办公，却给我单独弄个办公室，我很感动，更感惭愧。第二天我到学校上班，全心地投入教育教学工作。当时农村学校的办学条件差，教师差不多都是民办教师，我一边教学一边辅导部分教师。没有试卷，亲自动手刻印，常常为了辅导学生、批改作业、备课等忘记了吃饭，李宗云校长多次亲自把饭端到我办公桌上，给了我无微不至的关怀，也给我树立了工作和做人的榜样。一年的辛苦没有白费，1988年6月，乐土区小学毕业会考，我所带的毕业班获全区第三名。当年我被评为乐土区优秀教师，同时还有十元奖金。当我把十元奖金买成食物与同学们一起分享时，我真正体会到做教师的幸福，坚定了我永远做一名无愧于学生的好老师的信念。

1988—1991年，我在葛桥职业中学任教，也圆了我想当一名中学教师的梦想。我带了两个班初一语文，每天往返县城和学校，13千米的路程，每周26节课、4个晚自习，且兼一个班的班主任。工作的强度可想而知，时常是骑着自行车到家时，妻子已经睡着了，简单地吃点东西，早晨5:00必须动身，5:40陪学生跑操。三年时间我与学生们打成一片，用丰富的学识滋润他们，用激情的语言感召他们，用踏实的态度影响他们，用乐观的情绪激励他们，培养他们健康、进取、团结、乐观的人生观。用心工作，用情待生，我们班学生养成了踏实拼搏的学习态度、形成了团结向上的集体精神。在学校，我们班纪律最好，学习氛围最浓，集体荣誉感最强。连续几年乐土区统考，我所带的班级，语文成绩均在前三名，我也因为班级管理、教学成绩突出多次被表彰。寒假、暑假，多名学生会结伴来我家，一待就好几天。那种纯朴的师生情谊彰显了世上最纯真的爱。1996年6月，正是农村收麦的时间，中午天热，学校院内突然进来两个人，见到我就大声喊："李老师，可找到你了。"他们来跟我报喜上师范了，打听了好多人才找到我。中午吃过饭，我打发几次让他们走，就是"赖着"不走。几年后，多名学生相继走上工作岗位。他们说，跟李老师几年学得最多的是如何做人、如何做事，李老师用实际行动感染了我们，熏陶了我们，这是我们收获的最珍贵的东西。孩子们淳朴的言语，是对我工作、做人最好的评价。我当初也没有想到真心对待学生、用高尚的情操影响学生，会对他们的人生产生这么大的影响，这让我深深地认识到作为一名教师应该有的职责，更加坚定了我铸就高尚的教师魂的信念。

我多次担任学校的领导，身份多了，岗位变了，但教书育人的职责没有变——不忘初心地坚守培育教师，陶冶学生高尚道德情操。30多年来，我走过了八个学校，带领教师，创新思路，特色办学，寻找适合本学校发展的路子，经过几年艰辛的努力，把城关七小、城关十一小办成全县的名校。我时常思考自己的工作方式和方法，同时告诫自己：作为一名校长，给学校留下什么，如果只留崭新的大楼，说明校长只会盖楼，如果留下传承的文化和特色，才是学校可持续发展需要的东西。在不同的学校当校长，我都是潜心研究、认真论证，发展适合本校的特色文化，让教师、学生受益。如城关七小的兴趣小组、城关十一小的跳绳、城关十二小的自主管理、城关三小的阅读等，这些学校都因特色发展而成名。30多年来，城关各校留下了我的印迹，洒下了我的汗水，看到各个学校在我的带领下上了新台阶，再苦再累都值得。

新时代教师要有理想信念，有道德情操，有扎实学识，有仁爱之心，即要求教育工作者要做“四有”好老师。我以此为目标，努力提升自己的修养，不断完善充实自我，以“潜心为国育英才，甘为教育洒热血”的奉献精神，用爱心，用真情，用品行，为教育事业奋斗终身，在人生的里程碑上写下无悔的誓言！

追梦路虽长　奋斗人最美

张子辉

在蒙城三小仁和路校区无论是晨诵的学生中，黄昏的路灯旁，还是操场上，楼梯边，你总能看到一道修长的身影在忙碌着……这位文静秀气，内敛沉静的老师就是仁和路校区负责人江长美。

有一种幸福叫坚持。农民的幸福是收获，军人的幸福是胜利，在江校长看来，还有一种幸福就是坚持。不言放弃、追求卓越是她工作特点，江校长曾说过：“把不起眼的小事坚持做下来就是神话，半途而废就是笑话。”建校以来，江校长坚持推行安静校园教育，“一日行为规范”是总抓手：从早晨入校开始晨读，到入班即静，入座即学；从排队取水，安静食堂，到路队护送，精细化管理；从研究策划，方案拟订，具体实施，反馈反思，总结规范，江校长都以身作则，全程参与，率先垂范，带领老师从细节入手，从小处着手，细化、量化各环节步骤，精心打磨，优中选优。日进一卒，功不唐捐，坚持一件事做到好，做到极致，做到与众不同。富有书香气息的“一日行为规范”，现已成为我校一张名片，得到社会的认可。

气势如虹、精彩纷呈的大课间活动是学校的另一张名片，充满浓郁书香氛围的大课间活动，也一样凝聚着江校长的心血智慧。根据学校自身智慧阅读特色，她精心挑选优秀传统文化篇章，带领体育老师精心编排，形成了既充满古典书香又气势磅礴的《千字文》韵律操、少年中国说武术操、《诫子书》操；趣味十足的折返跑、对角跑让课间活动成了孩子们的最爱，不仅锻炼了学生的身体，还让学生在活动中增强了团队意识，培养了集体精神。

有一种情怀叫奋斗。在智慧校园建设中，江校长带领大家付出了艰辛努力，品尝了酸甜苦辣，她以超前眼光，确立“立足学校，辐射皖北”的建设方针。深夜的智慧校园办公会上，江校长曾动情地说：“干工作累不累？真累。不干行不行？也行。但能不干吗？不能。干，就干好！工作就要做实做好做优！想到每个细处，做好每个细节。奋斗应是我们工作状态，是我们工作的追求，当有一天回首我们的工作历程，一切都是幸福的。”

教学质量是学校发展的生命线。江校长抓教学质量，一样的是要求高、措施严，不一样的是她从未为教学批评过一位同事。“随风潜入夜，润物细无声”是她抓教学的风格。学校建校晚，外转生很多，提升教学质量压力大，许多教师出现焦虑的情绪，江校长看在眼里，总是风轻云淡地说：“没事儿，我们的教师都是最棒的，差距大是能弥补的，只要大家用心了、尽力了，挨批评是我的事，与大家无关。”“挨批评是我的事，与大家无关”让老师的心里热乎乎的，这种情怀让大家更有斗志。

有一种追求叫奠基。优秀是学校的追求，幸福是个人的追求；有的追求眼前的快乐，有的追求未来的幸福。也有一种追求不在意眼前的掌声，不在乎当下鲜花，在意的是未来的发展，为孩子以后的学习奠定基础，这样的人有仁爱之心，有功成不必在我的境界。江校长就是有这种追求的人！她从孩子全面发展、终身发展的角度出发，积极推动智慧阅读工作。校园各处因地制宜开辟各种开放式阅读区，书香飘满校园，书气浸润心田。校园的“三味书屋”“荷塘月色”“书香益智园”，校园文化长廊，五彩缤纷的班级图书角，以及各式各样的班级图书柜，都放满了书。孩子一走进校园，只要想看书，伸手可得。园静、书香、景美，最佳的阅读环境里，学生手捧书本，沉醉静读，成为校园最美丽的风景。为更好推动阅读工作，江校长组建阅读工作团队，吸收一批素质高、业务强、甘奉献、乐阅读的教师为阅读团队队员。阅读团队队员负责制订各年级阅读计划、阅读考核细则，选定年级阅读书目，指导校内阅读课，开展阅读教学培训，阅读教师培训。我阅读我光荣，人人争做学生阅读点灯人。“让书籍开启智慧，让智慧点亮人生”已成为阅读团队队员的共识和目标。

为教师的成长奠基。高考制度的改革，把阅读提到了前所未有的高度。但就亳州乃至皖北地区而言，真正踏实把阅读落在实处的学校较少，成熟的阅读整本书的教学经验、教学课例、教学设计欠缺。江校长立足现实情况，采用“走出去学，请进来教”的方法，外出向名师学习，立足校本研修，加大阅读教研力度。每周教研必有阅读常态课和阅读示范课展示。江校长鼓励教师通过自学、网络学习、骨干教师上示范课，培训阅读课的教法，使教师们在互相学习、互相听课、互相切磋和自我反思中提高教学水平。

有一种关爱是底线。温文尔雅、内敛沉静，是江校长给人的第一印象。坚持原则、党性坚定、勇于担当、做事唯公是深入了解江校长后的感觉。

做实精准扶贫工作。江校长深入扶贫第一线，认真调研贫困户的致贫原因，拟订帮扶措施，宣传党的脱贫政策，掌握扶贫第一手资料。

紧扣安全工作。江校长一直强调，安全重于泰山，安全大于天。学校安全工作，事关千家万户。制定安全预案，做好安全教育，抓实安全工作，用好安全教育平台进行家校互动；防溺水防火防伤害，交通安全记心间，食堂饮食严把关，上楼下楼防拥挤……通过不懈的努力，建校以来，学校从未发生一起安全责任事故。

抓好师德师风，规范办学行为。江校长召开师德师风专题会、党员会，传达、学习师德师风，规范办学行为的相关文件，签承诺书，教育教师要平等对待每一位学生，努力提高自身教学水平，提升自身道德修养。

江校长常说：“忘记危险是最大的危险。”她要求老师始终坚持问题导向、底线思维，思想上筑牢拒腐防变的堤坝，不该说的话不说，不能做的事不做，守住师德底线、法律底线，带领全体教职工规范办学，做有理想信念、有道德情操、有仁义之心、有扎实学识的教育工作者。

前途灿烂路虽长，奋斗人生是最美，生命的意义不在固守而在开拓。在新的时代新的起点，江长美校长一定会不忘初心，砥砺前行，永做追梦人、奋斗者。

同心向党 做最美教师

江长美

1991年中师毕业的我，怀着对教书育人的美好憧憬，和爱人一起踏上了蒙城这块教育热土。回首30多年的育人之路，无论是普通的教师，还是如今的校长，都是党哺育了我，培养了我。在教育中我衷心爱党敬党，尊师重道，并在默默耕耘中牢记教育使命，在拼搏奋进中履行党员的职责，在教育教学岗位上书写朴实无华的教育篇章。

讲坛育人三十年，粉笔无言写春秋。回望教育初心，时常有记忆的浪花从我眼前闪过，犹如晶莹的宝石、无瑕的翡翠，又如串串音符勾起我对教育教学生活的美好回忆……

乐于农村教育，甘于团结奉献。毕业那年，我被分在一所偏僻的农村中学。刚入职，就感受到了蒙城人的热情和善良，他们不欺生，视我如邻家姐妹，很快我就融入其中。当时的同事大多没成家，而且交通不便，吃住都在学校，同事自由搭伙，经常带着干粮和咸菜来上班，生活清贫。我来之后，把他们聚拢在一起，和面、炒菜、蒸馍、洗衣、晒被，样样都带他们一起做。我的宿舍成了他们共同的家，我成了他们的炊事员、服务员、知心姐姐。虽然工资不高、条件不好、生活环境简陋，但是我们相处融洽、欢笑声不断。时间充足时，我还给他们炒几个小菜，众老师围在一起，小酌论文、清唱谈道，完全忘记了生活的清贫、交通的不便，安心在偏远的农村为教育事业贡献自己的青春和智慧。

倾心学习精业务，春风无语爱学生。1999年，我随爱人调到了城里的一所小学，我所教的课也由体育变成了数学。在这里工作的每一天，我都被身边同事的工作激情所感染、鼓舞。课堂上老师们新颖别致的教学设计、妙招频出的教学方法；课下一丝不苟批改作业的精神，认真细致备课的态度；课后无私为学生补缺补差、促膝谈心的行为，与家长平等高效的沟通交流技巧，活动策划开展，我看在眼里，记在心里，我知道有差距，要努力学习，要融入这个大家庭里来！

“爱满天下”即把爱洒向每一位学生的心中，要用爱自己孩子的心那样爱自己的学生，对学生倾注全部的爱心，让自己的笑声与学生的笑声合在一起，让自己的心和学生的心连在一起，让学生感到可近、可学、可信。学生取得了好的成绩，我会笑着激励他们:“真不错，接着努力哟。”学习成绩不好的时候，我悄悄地鼓励他们不要灰心。春去秋来，我向学生不断倾注我的爱，优秀生得到了这份爱，会更加努力，后进生得到了这份爱，会受到莫大的鼓舞，逐渐变得优秀。爱是平等的，尤其是教师对学生的爱，因为我的付出，我也得到了学生更多的爱。

细节入手抓德育，钉好人生的扣子。教育最重要的一面是教育学生怎样做人。在他们幼小的心灵里播下爱国、爱党、爱集体的种子。根据学生年龄小的特点，我不是只说大道理给他们听，而是身体力行做给他们看。学生小，爱党、爱国须从爱集体、爱红领巾开始做起。有些调皮的学生在升旗仪式向国旗敬礼时，不严肃，我除了一一纠正他们的动作，给他们讲解升旗的意义，对他们进行党史学习教育外，还总是佩戴红领巾站在他们队伍的最前面，带头敬队礼、唱国歌。久而久之，学生也跟我一样，升旗时神情严肃，不再打闹了。小学生入队时，第一次佩戴红领巾很兴奋，可是时间久了，就不愿戴红领巾，甚至把戴红领巾当成负担了，不爱惜红领巾，看到红领巾掉在地上也不知道捡起来。我看到这些现象后，通过班会对学生宣讲少先队历史，对学生进行思想教育，通过讲故事、演讲比赛等形式把红色基因播种在学生心里，不断促使其生根、发芽、结果。每当我看到校园里有孩子不小心落下的红领巾，我总是不厌其烦地逐班寻找失主，并亲手把红领巾给他戴上。

为人表率重品行，扎实工作出实绩。2016年，我走上了学校管理岗位，深感身上的责任更大了，工作热情更高了，积极性更强了。我带领班子成员，依靠全体老师，以“蒙以养正，书香致远”为办学理念，以智慧校园建设为契机，以“腹有诗书气自华”为校训，以“粉笔无言写春秋”为教风，以“读书万卷始通神”为学风，以“最是书香能致远”为校风，以培养学生的良好行为习惯、创新精神和实践能力为目标；以安全、法治、品德、心理健康教育、劳动教育为重点，“五育并举”；以丰富多彩的活动为载体，促进学校内涵发展。学校先后获安徽省中小学智慧学校示范学校、安徽省文明校园等荣誉称号。

我就是这样用一点一滴的汗水为教育事业奉献着，一天，一月，一年……用行动彰显朴实高尚的师德，在平凡又伟大的岗位上做最美教师，做最美的自己。

将爱进行到底

王 会

今天能站在这里，我感到无比荣幸。不知不觉我已工作20多年，但我站在小学的三尺讲台上，却只有短短几年的时间，因为前十几年我一直从事幼教工作。

2017年离开自己熟悉的工作环境来到蒙城三小仁和路校区，一切都是那么的陌生，有过泪，有过痛，后悔过，退却过。但今天的我可以自豪地说:“我成长了，更成熟了。”

当然，我的成长离不开领导的精心栽培与同行的热心帮助，是你们的关爱让我扬起自信的风帆；是你们的关爱，让我坚定了自己的信念。因此我要说:“有了爱，就有了一切。”

在我的成长道路上，有一个人对我的影响特别大。她就是我校的单祎主任，她用自己的实际行动，淋漓尽致地诠释着爱的真谛，履行着爱的承诺。

她爱岗敬业，无私奉献。

还记得刚踏上这熟悉却又陌生的讲台时，我束手无策。一日行为规范、公开课、家长会等，把我都急哭了。这时，一个熟悉又温暖的声音对我说:“大妹子！你的情况我了解，有什么难处跟我说！”单主任手把手地教，一次次亲身示范。那个学期，我班的一日行为规范考核获得了全年级一等奖，我的第一次家长会圆满成功。我知道这优异的成绩里满载着您浓浓的爱意和热切的期盼。

她爱生如子，无怨无悔。

单主任常说：“我要让爱洒满每个孩子的心田，不能让一个孩子受到伤害。”她也是这样做的。可以说，单主任对每一个特殊孩子都了如指掌。一年级时，我们班里就有一位这样的孩子，由于父母离异，孩子性格孤僻、不合群。刚接班时只要他一犯错，我就会不耐烦地说：“去，找单主任去。”我没有意识到此时我的表现正在伤害一颗稚嫩、敏感的心，正在打破昔日和谐的师生关系。而每当这个时候，孩子就会怯懦地离开。孩子一次次地离去，单主任一次次地送回，我都认为理所当然。直到有一次，我生病了，教学的间隙，我趴在讲台上，揉着昏重的额头，一个凳子悄悄摆在我身旁。是谁？抬起头，看着他那双清澈的眼睛里满含着关切，一股暖流在身体里缓缓流淌，就听孩子怯生生地说：“单主任告诉我要关心别人。”我的心被刺痛了，是您将我眼中的问题学生，变成一个富有爱心的孩子。

如果不是爱，怎能在闭塞的心中灌注光明和温暖？是您又一次教会我，为学生付出是值得的，是幸福的，是心甘情愿的。即使我们有时不被理解，却依然坚持，因为我们坚信，真诚的爱能把坚冰融化，能让枯萎的小草发芽。

单主任就是用这样点滴的小事向学生传递着爱与做人的准则，用慈母般的宽容温暖着每个学生的心灵。而正是这些点滴的小事和可贵的宽容，让我们更加深刻地理解：只有火才能传递火，只有心才能塑造心，只有老师奉献出自己真诚的爱心，学生才能在灿烂的阳光里幸福成长。

只愿一生育桃李，不问辛苦为谁忙。在我们身边，奋斗在教育一线的无数位教师又何尝不是这样呢？在艰苦与平凡的岗位上坚守着自己的承诺，他们以校为家，爱生如子。一天天，一月月，一年年，红颜老去，青丝渐白，他一直孜孜不倦地追求着，默默无闻地奉献着。

朋友们，让我们像捧着一颗平凡的、滚烫的、充满着爱与奉献的赤子之心，将爱的教育进行到底！

接纳 关爱 滋养
——我心中的“四有”好老师

卢小艳

习近平总书记在北京师范大学的师生座谈大会上向全国教师提出了要做“有理想信念、有道德情操、有扎实学识、有仁爱之心”的“四有”好老师的要求，这对我们每一位老师是一个鞭策，达到这样的高度是我从教一生的目标。

在没走上讲台之前，我以为我的学生都是乖巧、懂事、学习认真、从不迟到、毫无缺点的完美孩子，我的教学也一定是轻松、愉快、水到渠成的事。

从教以后才发现自己当初的想法多么不成熟，我们的学生可以说是各有特点。学习认真、乖巧懂事的学生不少，也会碰到一些令我们头疼的孩子。他们有的经常迟到，有的作业拖拉，有的学习基础太差，有的调皮捣蛋，时不时地会给你个意外的“惊喜”。我不止一次地怀疑自己的能力，怀疑自己的耐心，甚至怀疑自己该不该继续从事教育事业。

转眼间，我已踏上讲台20多个春秋。一路走来，有泪水，也有欢笑；有迷茫，也有收获。随着岁月的流逝，我从刚踏上讲台时的生涩急躁变得成熟稳健，对孩子们的感情也越来越深。

作为老师的我们都明白，孩子的教育是社会、家庭与学校共同的责任，那我们能做的、该做的是什么呢？只有接纳，接纳每一个孩子，接纳每一个孩子的不完美。用接纳的心态去看待孩子，我们会发现孩子身上很多的优点。比如：调皮的孩子比较聪明，沉默的孩子比较认真，一些成绩不太好的孩子特别热爱劳动，等等。孩子还是那个孩子，我们看待他们的态度不同了，我们的心情也会转变，教育起来也省劲多了。

与其抱怨，不如改变。我们班很多孩子是留守儿童，父母长时间的缺席给部分孩子家庭教育留下很多问题。张同学就是其中的一位，上信息技术课时，他拿了家长的手机在课堂上玩起来。张同学父母在他很小的时候就选择外出打工，其跟爷爷奶奶生活。我们都知道隔代教育有一定的局限性，我去家访过，虽然爷爷很看重孩子的品行，但他平时养猪比较忙。在学习与生活上，奶奶又比较宠爱孩子，使他养成了边写作业边看电视的习惯，以致张同学学习很不踏实，对知识的掌握不牢固。上课时，精力不集中，好做小动作。对于张同学的这些习惯，我是看在眼里，急在心头。我先是从心里接纳他、关爱他，使他相信我、愿意听我的话，接着我抓住一切机会帮助他，鼓励他。只要发现他的一点进步，我就夸奖他、激励他。一年后，我能感觉到他把美好一点一点聚集，学习的热情高涨了，内心也变得强大了。

自此我认识到，爱才是教育的基石。

仁爱之心就是热爱学生、包容学生。俗话说“亲其师，信其道”，欲生亲之情，必付爱之心。爱，是沟通心与心的桥梁，我们的教育就是要培养心中有爱的人，热爱学生才能让学生有爱。多年来，我一直用一颗仁爱之心，接纳、关爱着我的学生们，帮他们养成良好的习惯，培养他们浓厚的学习兴趣，培育他们良好的品格，帮他们树立正确的人生观、世界观、价值观。扪心自问，我无愧于人民教师这个神圣的职业。有一种爱，叫无私；有一种爱，叫关怀；有一种爱，叫师爱；有一种爱，刻画着伟大的灵魂；有一种爱，歌咏着崇高的品质。这就是我心中的师德师风。

作为一个好老师，激情、真情、仁爱，都要依靠善教去实现。善教，就是教育的技巧。善教的能力，是在长期的学习和实践的基础上摸索出来的，因人而异，没有统一的标准。好老师一定是善教的老师！

老师是“人类灵魂的工程师”，我们每一位老师都要争做“四有”好老师，无愧于社会各界对我们老师的各种赞美。

特别的爱给特别的你

袁相敏

我时常在想，是什么力量让我们可以放弃休息时间，辛勤工作？又是什么力量，让我们孜孜不倦，奔波于三尺讲台？是什么力量，让我们风华正茂的年轻一辈，甘为人梯？又是什么力量，让老一辈优秀教师双鬓斑白却仍然坚守在自己的工作岗位？是爱！这一切都源于我们对学生深深的爱。

侯同学是我们班的一位建档立卡生，作为班主任我们结成了“大手拉小手”的帮扶对子。为了更好地帮扶这个孩子，我对她家进行了第一次家访。我还清楚地记得当时的情景：那天下午，我迫不及待地联系上这个孩子所在的辛集乡关帝村的扶贫主任，与她一同前往孩子家。当我们来到她家时，我却被眼前的一切惊到了：这户人家当时住着低矮的房子，墙面还有几道裂痕，在阳光下是那样的刺眼，破旧的门窗早已歪斜，两位饱经风霜的老人无力地坐在破落的院子里，地面上飘满了落叶……刘主任告诉我：“袁老师，这就是您要帮扶的建档立卡生侯同学的家！”

我怎么也没想到她家会如此贫困！我该怎样帮助这个孩子？我知道要想帮助她就要先了解她家的具体情况。经过多方了解和多次走访，我了解到：她一家共有四口人，大爷、大娘和他们的一个孙子和一个孙女，两位老人都70多岁了，可是他们柔弱的肩上依然还要扛上抚养两个孙子的重担！他们家到底经历了什么？大娘大爷告诉我，他们的儿子10年前打工干活时不慎触电，意外身亡，不久，儿媳妇也改嫁去了外地。看着两个年幼的孩子，两位老人整日以泪洗面……那一天，在家访回去的路上，我潸然泪下。

“治贫先治愚，扶贫先扶志”，我深刻认识到对于建档立卡生的家庭而言，教育是他们家最大的希望。

多次的家访，两位老人已经把我当作自己的亲人了，他们对我说了自己的心里话：“袁老师，说实话，我们最大的希望就是这个孩子将来能成人成才，考上大学。可是我们年纪大了，已经力不从心了，恐怕到孩子上大学时已经没有能力供应孩子上学了！”说完眼含泪水。我赶紧握着大娘的手说：“大娘、大爷，不用担心，我是孩子的老师，以后这个孩子的学习我来辅导，将来考上大学我来资助她！咱决不能让孩子辍学！”我暗下决心，一定要让教育燃起他们家的希望！

从那以后每个星期五的下午我都会去她家进行家访，然后把孩子接到自己家中辅导，给孩子买点需要的衣物和学习用品。几年来我一直坚持，从未间断。在一次家访中大娘告诉我：“我这小孙女，现在学习进步了，性格也开朗了，她虽然是个苦命的孩子，但是她又是一个有福气的孩子，因为孩子遇到了你这样的好老师！孩子这段时间天天跟我说，她很喜欢你，说您就像妈妈一样疼她。闺女，你要是愿意，就让孩子认做妈妈吧！”我听了，心里一阵酸楚！“好呀！我也很喜欢这个孩子！以后我就是这个孩子的妈妈了。”其实，这段时间在跟孩子的相处中，我早就把她当作自己的孩子！

有一天，我发现这个孩子没有来上学。我立即赶到她家了解情况。原来，下雨天，大爷在接孩子放学回家的路上摔伤了，这无疑让这个家庭“雪上加霜”。大爷躺在床上唉声叹气，大娘坐在床边抹着眼泪。看到这辛酸的一幕，我心里也很难受。我决定把孩子接到我家里来住，就像当年照顾我的孩子一样照顾她，就像当年辅导我的孩子一样辅导她。孩子生日那天我给孩子买了一个她很喜欢的大布娃娃，她竟然抱着我泪流满面，说：“妈妈，谢谢您！”晚上我发现我的口袋里有一封信，上面写着：“妈妈，这是我长这么大过的第一个生日！谢谢您让我知道有妈妈是多么幸福！”

每年寒假、暑假，我也和所有的老师一样，想好好休息一下，但我还是放弃了休息时间，赶紧把孩子接到自己家中给孩子补习落下的功课。我心里一遍遍地告诉自己：“以后会有时间休息的，但是，现在不行，因为现在是这个孩子成人成才的关键时期，我不能忘记当初对他们的承诺。因为我知道只有教育好一个贫困家庭的孩子才能燃起他们家的希望！”

我想对侯同学说：“孩子，老师会把特别的爱给特别的你，在你学习成长的路上陪你携手前行！”

在我的帮扶经历中，我看到了一个贫困家庭对孩子寄予的深切期望，也看到了千千万万个和我一样的帮扶老师所伸出的教育援助之手给每个建档立卡生的家庭所带来的温暖和力量！也许有人会问我们为什么会如此无怨无悔、孜孜不倦，我想说："不为什么，只为我们心中那份对教育的爱，对学生深深的爱！"

时光不语，静待花开

王雨蒙

记得还是在念小学的时候，当我的老师问起，同学们长大以后想做什么啊？那时，小小的我便在心中暗暗憧憬，长大以后啊，我想当一名老师。幼时懵懂，不为其他，更不知"教书育人"这四个字的分量，只是凭一腔热血和纯粹的喜欢。我喜欢老师在讲台讲课的样子，我喜欢那窄窄的讲台与粉笔写就的岁岁春秋，我更喜欢教室里孩子们的读书声和那一双双闪闪发光的眼睛。毕业后我踌躇满志地从大学校门里走出来，满怀信心地踏进了这满是孩子们的天堂，更下定决心要以此为目标，做一个优秀的好老师。

讲到这里，我不禁想问问大家，你们觉得什么样的老师是好老师？是宽严并济的，是温柔细腻的，还是幽默智慧的？其实，回答这个问题很简单。只需要一步，即把自己当作学生，从他们的角度去看，如果我是学生，我希望遇到一个怎样的老师？我想了又想，答案只有一个字，那就是——爱。温柔也好，严厉也罢，甚至可以不那么幽默与智慧，正如"一千个读者眼中，就有一千个哈姆雷特"。只是，好老师或许有标准，但爱却没有定论。而爱又是什么呢？

我觉得，爱首先是责任，还记得我第一天担任班主任的时候，我们的老校长就和蔼地跟我说，以后这个班就是你的了，你就是孩子们在学校的妈妈。那是一群刚刚踏入一年级的小娃娃，也是一群特别调皮，经常找不到东西，时而哭闹不止甚至还会尿裤子的稚嫩小孩……于是，短短开学两周，每天从清晨到日暮，在一地鸡毛中，我真真切切有一种年纪轻轻就当妈的感觉。那可谓是几多哀怨、几多彷徨，个中酸楚与苦涩，不是一把辛酸泪可以概括。我曾在深夜里失眠，迷茫时哭泣，也曾胆怯与退缩，但您若问我后悔吗？我的答案是，从未。因为也是在那段时间，我用我的微笑、细心，以及每一个拥抱，收获了孩子们的信任。

那时的我心中常回想的，便是校长第一天嘱咐我的话，随时提醒自己要对他们负责，也正是这种责任心使我不敢有丝毫的懈怠，从日常教育到课堂教学，从安全照顾到行为规范，一项又一项，我和孩子们一起进步。有付出就有回报，当孩子们一天天长大，当班集体受到表扬，当孩子们时不时从哪里变出一个小玩意送给你，当他们下课围绕着你、抱着你，甚至有时还会错叫你一声妈妈……从他们的信任中、笑脸里，我知道，所有的一切都是值得的。

除了责任，想成为一名好老师，我觉得，爱还应该是鼓励和宽容。相信每个班级里都有一两个这样的学生，他们或许调皮，或许坐不住，或许总喜欢惹出一些事情来。我的班也不例外，而且还不止一两个。别的班是有调皮的孩子，我们班是一群孩子，没有不调皮的。

从我踏上工作岗位起，我始终坚持关心和爱护每一个孩子，无论他们调皮与否，更无论他们学习是好或坏。不随便给孩子贴标签，公平地对待每一个孩子，发现每一个孩子的闪光点，多宽容，多鼓励。“加油”“不错”“有进步哦”“老师相信你”这些都是我经常对孩子们说的话，我想让他们知道，他们每一个都很重要。事实证明，真心确实可以换得真心。当孩子们真的感受到你对他们好，便会打心底尊重和喜欢你。就这样，一段时间下来，连班里最调皮的孩子，都开始听话，进步了。

“工欲善其事，必先利其器”。如果说教书育人是我们的天职之事，那我想，爱其实便是我们最大的武器。不管你是一个什么样的老师，最重要的是让孩子们感受到，我们给予他们的，永远是爱和信任。

讲到这里，我不禁又想起一次家长会后，我们班平时很害羞的女孩，她的妈妈拉着我的手说的话。她说：“王老师，你知道吗？小孩子说，在以前的学校，她觉得她是一棵小草，老师们好像看不见她，而来到您这边，她觉得她成了一棵小树，她每天在成长。”说这话的时候，孩子的妈妈眼中泛着泪光，而我的心也已然温热，忍不住红了眼眶。也是在那一刻，我更加明确了自己作为一名老师的意义，不为高攀花的甜蜜，也不为收集果的珍贵，只求在默默光阴中，付这一程叶的呵护与陪伴。

“为天地立心，为生民立命，为往圣继绝学”，这是曾经我作为座右铭的一句话，如今我想再加上一句，“无愧于心，无愧于己，无愧于每一个学生”。我时常在想，若干年后，当我身边的这群孩子长大，当他们回忆起小学时光，能够觉得幸运遇见我这样一位老师，那将会是我最大的幸福。

时光不语，静待花开。是啊，时间不会说话，但付出的爱和真心会告诉你答案。直到现在，我仍然庆幸自己的坚持，我爱这份太阳底下最光辉的事业，并将继续为成为一名优秀的好老师而努力。最后我想用一句话与大家共勉：尽管走下去吧，一路上的花朵会竞相开放的！

葆爱心　立师德　树师风

高　倩

新的时代赋予了我们新的责任与使命，但“爱”却是永恒的主题。十年树木，百年树人，是爱滋润了每一棵幼苗直至他们长成参天大树。

三寸粉笔，三尺讲台系国运；一颗丹心，一生秉烛铸民魂。今天的学生应该是中国梦的主力军，是中华民族“梦之队”的筑梦人。在教育的路上，我们都是一群追梦人。

一、俯身欣赏，静待花开

迎新走红毯的时候，我就注意到了他。除了对新校园的新奇外，较别的孩子，他似乎是太活跃了。果不其然，在课上，他一会儿回头和后面的同学说话，一会儿拿别人的东西，一会儿又弓起身子往桌子上一趴……

因为他在课堂上太调皮了，所以只能让他坐在最靠近老师的第一排，在老师眼皮底下，应该会好很多吧。虽然在我的课上他也不怎么安分，不是做小动作就是找人说话，但我从没想过要放弃他，时刻在想着怎么改掉他的这些坏习惯。

课上，我讲到《四季》中每个季节的美景时，同学们都美滋滋地欣赏着一幅幅的画卷。唯独他，头勾着正找同桌说话呢！我压住心中的怒火，停顿了一下，看了他一眼，又看看他的同桌，他的同桌立马用胳膊碰下他，还挺奏效，于是停止说话，继续听课。还有一次，我组织学生做课堂作业，写生字。一节课孩子们都完成得有质有量。唯独他，把弄把弄铅笔，玩玩橡皮，一节课总写不了几个生字，即使写了几个，不是拼音错误就是书写不规范。我想着这次可算是逮到机会了，带回办公室，说了他一通，让他看看其他同学写的作业，并重点让他看了班里年龄最小的孩子的作业。没有恶狠狠的言语，他却低下了头。进了班级，我首先在多媒体上展示了优秀作业，顺便瞄了他一眼：挺认真的，没有说话，没有其他动作。孩子们继续写自己的作业，我在班里巡视时不时提醒坐姿，批评说话的同学。在这样的环境中，卢同学很快地完成了作业。我当堂做了批改，并给了他一个大大的美美的蝴蝶。你猜，他下课找到我跟我说了什么。“老师，你说得真对，只要认真，上课不说话，就能写完还能写好课堂作业。”我被这个捣蛋的孩子感动了！摸摸他的头说：“你真棒！这次的作业完成得那么优秀，只要你认真，每次都能这么棒的。”

以后的学习中，他慢慢地变得认真起来。虽然上课也偶尔说话，偶尔犯一些小错误，但和以前相比，他真的进步很大！他还喜欢速算，于是我和数学老师商量了下，让数学老师利用课余时间教他速算。就这样，我用爱去感化他。润物细无声，在潜移默化中，他喜欢上了学习。爱是最好的教育！每个孩子都有一种“长大感”，不要总把他们当成孩子，他们需要的是平等的爱与尊重。

二、循循善诱，大爱伴行

他小小的个子，总觉得不是适龄儿童。眼睛大大的，炯炯有神，给人的第一印象机灵、聪慧。就是这种固化思维，让我错误地判断了一个孩子，他也让我很棘手。

开学第一天，一位妈妈站在班级门口，大老远就听见歇斯底里地叫喊："快进班！快进班！""怎么了？"我忙跑上前询问。原来是小朋友不愿意上学，非要跟妈妈一块回家。我让家长先回家，接下来的事情我来处理。我弯下身子，蹲下来拉着他的小手说："怎么了？""不想上学，我要回家。"他带着哭腔，挣脱我的手说道。"那你怎么不和妈妈一起回家？""我妈妈生气了！"孩子还愿意跟我交流，还在畏惧一个母亲的威严。顿时，我觉得没有那么棘手了。我把他拉进了办公室："为什么不想上学呢？"……"在学校可以交到很多好朋友不好吗？"……"你是不喜欢高老师吗？"……他没有回答我的询问，我有点生气。脑海里顿时浮现出两个字"淡定"，什么样的孩子没有呢？兴许这就是他的小个性吧。我想了想，说："走！我们一起去打扫卫生。"我拉着他，她用疑惑的眼神看着我。我把他拉到学校保洁阿姨的旁边，"我们班这个孩子交给你了，他不愿意上学，怎么办呢？给你收个小徒弟吧！"还没等保洁阿姨开口，他就说："不愿意，不愿意！"那你不想上学要去干什么呢？"见他不说话我接着说："打扫卫生还能挣钱，不学习总得劳动吧！""我不扫，我要上学… …"还没等我说完，他慌忙答道。

担心孩子是被我吓到才这么回答的，我每天都关注着他的动向。过了一周，我找到了他"上学好玩吗？"他只是笑笑。"语文课有意思吗？""摘苹果好玩。"顿时，我明白了，孩子是喜欢语文课上的游戏。我以此为突破口，努力备好每一节课，精心制作每一个教学游戏，只为一个孩子说的"摘苹果好玩"。

渐渐地，孙同学不迟到了，不需要妈妈把他送到班门口了，也不需要我经常找他进办公室了。虽然学习成绩不算出类拔萃，但谁又能说，兴趣不是最好的老师呢？我相信，只要他喜欢语文，就能学得很好。如果当初我用高高在上的姿态呵斥他，结果会怎样？我无法想象。

一身正气，两袖清风，三尺讲台，四季人生。教师是人类灵魂的工程师，那么该如何走进每个孩子的心灵？怎样安全地送他们去下一个渡口？是“爱”，润物细无声的爱，字里行间的爱，举手投足的爱。教育无小节，处处皆楷模，学高为师，身正为范。永葆爱的初心，教育路上的“师德之风”方能吹得更正。

给课堂插上趣味的翅膀

徐　雪

从小时候开始，成为一名老师就是我的理想。为了实现这个理想，我付出了很多努力。终于在两年前，成为了县城的一名小学英语教师，实现了我多年的梦想，心里是非常开心的。

我本以为城里的孩子因为有一定的基础和较好的环境，所以会比农村孩子接受能力更强，课也会更好教一些，后来发现我的想法太片面了。在第一节英语课上，我还是用原来的那套教学方法，课堂上学生接受能力确实强一些，可是纪律就很令人担忧了。学生们很活泼，很多同学在讲话或者写其他科作业，根本就不听课。整个课堂就像菜市场一样热闹，课堂秩序无法控制。

上了这样的一节课之后，我很沮丧，于是我开始反思，学生为什么不能像喜欢美术课、音乐课那样喜欢英语课呢？很可能是觉得英语课枯燥无味啊！所以增强英语课堂的趣味性，让学生主动积极地学习英语，从“要我学”到“我要学”的状态转变，是我今后工作的重点。

于是我开始转变工作方法。比如在教season这节课时，在导入环节，我给学生播放了一首四季歌，让学生们起立一起跟唱，学生非常开心地一起跟唱。相比较我以前使用的那种free talk的导入方法，这种方法显然更能吸引学生把注意力快速集中到课堂上。随后在新课呈现环节，需要学生掌握

spring， summer， autumn， winter和season这五个单词。这个环节我采用了我画简笔画，学生说出季节的方式来教学。我分别画出了柳枝、冰棒、苹果树、雪人这四种能分别代表四个季节的物品，然后组织语言引导学生猜出季节，随后教授该单词，并且在黑板上贴好的四线格中分别写出这四个单词。最后教授单词season。相比较直接在课件中出示四个季节的风景图片，让学生通过图片来说出四个季节的方式，显然简笔画和猜一猜游戏相结合的方式更有趣味，也稍微有点难度。教学中游戏难度的设置应该设置在大部分学生“跳一跳、够得着”的水平上，过低或者过高都不利于提升教学效果。

除了导入环节和新课呈现环节的设计，我在练习环节也设计了能引起学生兴趣的内容：各种各样的游戏。比如击鼓传花游戏、高低声游戏、猜一猜游戏、歌谣朗诵游戏、bingo游戏等。如击鼓传花游戏，就是将所学的单词做成单词卡，任取一张让其在学生中间传递，背景音乐鼓声停止时，接到卡片的同学要读出单词卡中的单词。这种通过游戏的方式巩固单词的做法，使得复习巩固单词的过程变得更有趣，学生在欢快的气氛中巩固单词，也更容易记忆。尤其是当我在游戏过程中引入竞争机制，即让学生分组比赛的时候，效果更佳。

在巩固拓展环节，我尽量设计一些贴近学生生活真实情景的活动，让学生在模拟真实的情境中学会应用所学的知识。例如在教授shopping这一课时，我在教室里支起了一个摊子，讲台上摆放了手套、伞、太阳镜、围巾等物品。两个学生上台表演，分别扮演卖家和买家。学生们的热情空前高涨，争先恐后地上台表演。“Tell me，I will forget； show me，I may remember； involve me， I will understand.”意思是：告诉我，我会忘记；展示给我看，我会记得；如果让我亲自去做，我会真正懂得并掌握。我所设计的这个环节的活动，目的就是让学生亲自参与模仿真实情景的活动，在实际应用中真正掌握知识。

成为一名合格的小学英语老师，并不是一件容易、轻松的事情。因为小学生们活泼爱动，所以经常会碰到课堂纪律难以控制的情况。在这样的时刻，老师不应严厉地批评学生，强迫学生集中注意力，而应通过歌唱、游戏等形式吸引学生注意力，从而继续正常教学。而要做到这些，则需要老师具备一定的音乐才华，也需要老师具有一定的美术基础、表演才能及精湛的教学能力。我深知自己离这样的目标还相差甚远，但是我一直在为实现这个目标而奋斗。路漫漫其修远兮，吾将上下而求索。

因为爱　所以爱

席慧惠

手捧着诚挚的爱心，心怀着满腔的热情，毕业后我毫不犹豫地踏上了教育事业的征程。作为一名普普通通的女教师，虽然我没有值得炫耀的事迹，但我有重师德的精神，有讲奉献的行动，有创新的先进理念。我以无私的爱、博大的胸怀、温柔的臂膀抚慰着一群群孩子。

一、重师德

“教学是一个良心活儿！”这句话一针见血地道出了师德的重要性。师德高尚的老师会用自己的言行影响学生，潜移默化地感染学生，在传授知识的过程中，教会学生如何做人。

我班有个小姑娘个头不大，黑黑的，瘦瘦的，学习成绩倒还不错，人缘也好，她组织能力强，口语表达能力也不错，而且美术也好，她是班长自然也是我的好帮手。有次，我忽然想锻炼一下她的听写能力，就跟她说我要考考她。

“考什么呢?”她很好奇地问我。

“我放首歌给你听，就三遍，看看你能不能把歌词写下来。”

“好吧，我试试看。”她欣然应允。

于是，我就放刘欢的《弯弯的月亮》，这首歌轻快流畅，歌词也容易记，后来在我的启发下，她也记下了大部分的歌词，从她的表情看，她似乎很兴奋，仿佛做这样的事很有趣。后来她跟我说，我没把她当小孩子看待而是一个和我一样平等的人，还说喜欢和我聊天，也从我身上学到了很多以前没学过的东西。

二、讲奉献

“勤勤恳恳、默默无闻”这是老黄牛的精神；“采得百花成蜜后，为谁辛苦为谁甜”这是蜜蜂的精神；“燃烧自己，照亮了别人”就是蜡烛的精神。可以说每种存在，都有着一种精神支撑着它！

“喂，是席老师吗？我是孩子的奶奶，他今天又生病了，拉肚子，疼得直不起腰，要吊水，真是不好意思，这孩子从小身体就不好，老师你可别生气啊……”电话那头还在说着。

挂上电话，我想起了那个男孩子，瘦瘦的，很文静，胆很小，是个留守儿童，父母常年在外，只好跟着年迈的爷爷奶奶生活，记忆中身体不好经常缺课。基于这种情况，我经常关心他，给他补课，给他爱心，给他温暖，目的就是不让他掉队。一年级拼音他学得不好，我便从头教他，他学得很认真也有很大进步。现在他的成绩也提上来了，思想和人际等方面也渐行渐佳，我成就自己的同时也成就了他的自信心。

三、有创新

作为一名教师，应根据学生的基础和接受能力设置不同难度的活动，让尽量多的学生能够参与到课堂中去。特别关注基础差的学生，给他们提供及时有效的帮助，使他们消除学习障碍，跟上课堂进度。当这部分学生提高后，教师应及时给予评价，鼓励他们，树立他们的信心。

有位张同学，学习习惯较差，经常不完成作业，记得当我又一次把他找来时，他对我说：“老师，您请我妈来吧！”听了他的话，我不知道该说什么好了。我就反问了他一句，“难道你希望你妈来吗？”他说：“不希望。”我说：“那你为什么这么说呢？”他回答道，“因为我老不完成作业，您肯定会叫我妈来。”我紧接着说道：“我可没那么想，我只是想了解你不完成作业的原因。如果你不希望你妈来，我就没必要请她来，因为这是你自己的问题。”

听了我的话，他出乎意料地看着我。看到这一招奏效，我就趁热打铁，了解他不爱写作业的原因，他对此十分配合，并保证一定尽快改掉自己不完成作业的坏习惯，而我也尊重他的要求暂时不通知他的妈妈，看他的实际行动。此后的一段时间，他果然能按时完成作业。虽然有时反复，但在与我进一步交谈后都能正确对待，久而久之，他渐渐地改掉了不完成作业的坏习惯，我也赢得了他对我的尊重和喜爱。

每一朵鲜花都是美丽的，每一个学生都是可爱的。不放弃任何一名学生正是我们所有教师所追求的!花开很美，等待花开的过程更美!教师，没有华丽的舞台，没有簇拥的鲜花，在“三尺讲台、一块黑板”的天地间用爱心点亮心灵，用精神塑造灵魂，用智慧铸就文明。做个有理想信念、有道德情操、有扎实学识、有仁爱之心的好老师，将是我长久的目标。

在最美的时光，做最好的自己

陈金妹

我曾是一名村小的老师，扎根村小二十年。我原本也有一个完美幸福的家庭，可是没想到，厄运竟然会降临到我的头上……

2014年9月12日，我的爱人突发疾病，经医院检查，右脑出现大面积脑梗死。几经辗转治疗，最终还是左半身瘫痪。以后的生活，我该怎么办？我刚满十岁的儿子，怎么办？我学校里的32个学生怎么办？经历数个不眠之夜之后，我想通了，日子要过，路还长，我得坚强起来。既然改变不了命运，那就改变自己吧。我把他从医院接回家，尽心地照顾他的生活起居，把他当成一个婴儿，重新教他走路，教他说话，教他穿衣……学校的老师们建议我请一段时间的假，在家好好照顾他。可是，我舍不得我的这些学生们。那时候，他们才三年级，作文刚刚起步，这紧要关头，怎么能随便调换老师呢？从此以后，我便两点一线，穿梭于学校与家之间。白天，我去给孩子们上课，到放学的时候我就急忙赶回家照顾丈夫，日复一日。孩子们也知道我很辛苦，所以我的这32个孩子都异常听话，并且他们用自己努力取得的优异成绩来回报我。总算老天眷顾，在我悉心的呵护下，我的爱人竟然站了起来，可以说话，可以吃饭，他的身体恢复如常，这得多么顽强的毅力支撑啊！

有人说，老天在给你关闭一扇门的同时，也会给你打开一扇窗，此话说得对极了。不知不觉，我所带的班级已经到了六年级下学期，正面临着小学升入初中的重要阶段。可此时的我却意外地迎来了我人生中的第二个孩子。怎么办？是请假休息？还是坚持？望着孩子们求知若渴的眼神，我下定决心：坚持！再坚持！就这样，我拖着浮肿的身子，一直坚持到生产的那一天，下午5点钟我还在学校上课，6点钟就被送到医院待产。生产并不顺利，迫不得已，选择剖宫产。出院后，孩子和家长们陆续来看望我。还有一个多月他们就要小学毕业了。我知道孩子们是想让我回去上课啊！怎么办呢？我内心经过强烈的思想斗争，决定：咬咬牙，再坚持！于是在我剖宫产术后的第十八天，我忍着疼痛，又回到了我最热爱的三尺讲台。正因为有了一群热爱学习的学生，那一次的学区统考中，我们又一次获得了全区第一的好成绩。

自从有了第二个孩子，我的生活变得更加繁忙了。可尽管这样，我还是舍不得耽误学生的任何一节课。就拿给孩子打防疫针来说吧，我每次都会忘记打针的时间，医院经常打电话提醒我。我每次都回答“好”，却总舍不得提前请一节课的假离开。等我放学回家带娃去打针的时候，医院也下班了。就这样错过了一次又一次接种的时间。直到有一次，医生问我：“你为什么每次都不能按时给孩子接种呢?”我回答：“忙。”医生说：“忙？还有什么事能比你孩子的健康更重要呢?”那时我不知道怎么说，也不知道该说什么。我忽然意识到，为了学生，我好像亏欠了自己的孩子。在学校里，我也许是一位合格的老师，但在医生的眼里，我绝不是一位合格的母亲，在我儿子的眼里，我也不是一位合格的妈妈……每每想到这事，我心里仍有说不出的酸楚。这就是我，这就是我对工作的态度，在我的心里，工作永远是第一位。

我们这个班级里，有一个孤儿。父母由于车祸双双去世，就留下这唯一的孩子跟着年迈的外公生活。可寄人篱下的生活一点都不好，他的舅妈老是找借口打他。有一天，我刚到学校里，一位附近的居民就一手拉着这个孩子，一边骂骂咧咧地找到学校。我一调查，才知道，这个孩子星期天的时间，去他的西瓜地里偷吃了他的西瓜，并且还搞了破坏，把他地里的西瓜都踩了一遍。我了解情况后，把这个居民叫到一旁，告诉他孩子的经历，并且掏出200元钱作为赔偿，才算把这事平息。这个孩子害怕极了，生怕我和其他人一样，把他狠狠地打一顿。我摸着他的头，轻声问他："是不是想吃西瓜了？"他狠狠地点了点头。可怜的孩子，如果有父母，谁会亏欠孩子一块西瓜？我教育了他，并且第二天，就给他买了一个大西瓜，带到学校里，让孩子们陪着他一起吃。在以后的日子，我尽量照顾他，关爱他。六年级的最后一个星期，学生们都提议在学校里办一次毕业茶话会，我同意了。在活动快要结束的时候，这个性格内向的男孩子走上讲台，交给我一封信。我打开，上面只写了一句话——我想叫你一声：妈妈！我含泪点头。是啊，妈妈，多亲切的称呼，也是一个学生对我的最高评价。

2020年受疫情影响，开学时间都比较晚。返校复学后，我担心孩子们跟不上课程，于是又把教材重新上了一遍。农村的孩子上学都有个特点，去得都比较早，我就利用这一特点，抓住这一时机，早早地到校，等待孩子们。只要学生来到学校，我就在教室里等着，带着孩子们一起学习。村小的老师人数都较少，上学期我除了担任五六年级的语文课外，还兼管着学校二年级的语文课。我们学校上午8:30上课，可我每天八点之前就已经来到学校，在二年级的教室里等待孩子们了。等到8:30，全校正式上课的时间，我已经给二年级的学生上过一节语文课了。功夫不负有心人，付出总会有收获。在学区的质量检测中，我所带的班级又一次取得了良好的成绩。这时候，我更加无愧于我的学生，无愧于我的学生家长。可是，等我每天回到家的时候，我那刚刚学会走路的孩子扑向我，牢牢地抱着我的脖子，用他那稚嫩的声音喊着"妈妈，妈妈，抱抱"的时候，我的心中涌上满满幸福感，幸福的背后，又有多少无奈和辛酸啊。我的孩子，一定想拥有母亲的陪伴。但是我首先是一位老师，其次我才是一位母亲，我把自己的精力都奉献给了我最热爱的教育事业，我不后悔。

花开不是为了花落，是为了绽放。生命不是为了活着，是为了活得精彩。打磨自己的过程很疼，但最终能塑造一个完美的自己，在最美的时光，做最好的自己……

二、学校思政教育工作开展情况

近年来，我校坚持以习近平新时代中国特色社会主义思想为指导，全面贯彻落实党的教育方针，落实立德树人的根本任务。积极探索，把思政教育融入课堂教学、融入主题教育、融入实践活动中，实施管理思政、课程思政、活动思政、实践思政、文化思政、网络思政，构建了全员、全过程、全方位育人新局面，增强了教师的责任感与使命感，培养“有自信、有情怀，能做事、能创新”的时代新人和德智体美劳全面发展的社会主义建设者和接班人。

（一）管理思政——筑牢思政工作生命线

我校在开展思政工作的过程中，贯彻落实立德树人的根本任务，从“培养什么人”“怎样培养人”“为谁培养人”的高度，认识到当前思政工作面临的形势和任务，坚持以习近平新时代中国特色社会主义思想为统领，把思政教育融入学校管理之中。一是成立了学校思政工作领导小组，组建了思政教育工作管理团队，建立了校长、党组织书记、班子成员带头抓思政工作，上思政课、听思政课的常态化机制。把思政工作放入重要议事日程，调动一切积极因素，形成学校办好思政课、教师认真讲好思政课、学生积极学好思政课的良好氛围。二是在学校的强力推动下，开齐开足了思政课程，配齐配强了思政教师队伍，组建了思政名师团队。三是扎实开展了思政教学研讨活动、专题调研活动，召开了思政教师座谈会，学校主要领导亲自谋划、全程参与，深入课堂、深入教师、深入学生，推动思政工作真正落到实处。四是加强思政教师的培养培训，树立课程思政意识，将师德师风建设作为评价教师的第一标准，严守意识形态阵地，强化课堂阵地管理，引导广大教师切实肩负起学生引路人的责任和使命。

（二）课程思政——夯实思政教学的主阵地、主渠道、主课堂

我校把思想政治理论课作为爱国主义教育的主阵地，强调要理直气壮开好思想政治理论课，引导学生把爱国情、强国志、报国行自觉融入坚持和发展中国特色社会主义事业、全面建成社会主义现代化强国、实现中华民族伟大复兴的奋斗之中。围绕小学教育的特点，结合各学科教学内容，贯彻“课程思政”的理念，把“课程思政”贯穿于学生教育始终，采用结构化模式，要求各学科教师都要树立“课程思政”的理念，统一思想认识，“守好一段渠，种好责任田”，在授课前、授课中、授课后融入思政教育内容，使各类课程与思政课同向而行，构建一种全员思政、全时思政、全科思政的理念，从小培养学生的思想觉悟，协同育人，为社会主义接班人的成长打好坚实基础。

（三）活动思政——以形式多样的活动为载体，厚植爱国情怀，培育时代新人

我校充分发挥少先大队主阵地作用，创新活动形式，丰富活动内容，加强学生的思政教育。学校利用每周一，升国旗、升校旗、唱国歌、唱校歌、向国旗敬礼，师生同唱《歌唱祖国》。同学们在升旗仪式上，通过书香大舞台或吟诵经典诗文或唱响爱国歌曲或演绎经典爱国故事。书香大舞台，班班一台，周周有精彩、人人受教育。利用每日大课间活动，把中华经典诗文《千字文》《弟子规》《少年中国说》融入课间活动中，使课间活动集参与性、文化性、锻炼性、观赏性于一体，让学生既能强身健体，又能受到传统文化的洗礼。通过创新活动形式，在学生心灵埋下真善美的种子，厚植爱国主义情感，引导孩子向伟大祖国庄严致敬，树立正确的历史观、民族观、国家观、文化观，让爱国主义精神在学生心中牢牢扎根，切实将爱国情、强国志、报国行的国家情怀转化为求知问学、增长见识的动力源泉。

（四）实践思政——开辟劳动实践基地，在劳动教育中发挥思政育人功能

我校充分利用“蔬香学堂”劳动实践基地，把劳动教育纳入人才培养的全过程，在劳动教育中发挥思政教育功能，发挥劳动教育树德、增智、强体、育美的作用，注重对学生劳动观念、劳动意识、劳动习惯养成方面的培养，扎实开展各类劳动实践活动，取得了显著的思政教育效果。在“蔬香学堂”劳动实践基地，班班皆有责任田，人人都是劳动者，从翻地、播种、浇水、锄草到收获、交易，学生全程参与，在劳动实践中引导学生崇尚劳动、尊重劳动，体会劳动的艰辛，从而更加珍惜劳动果实。与此同时，我们还通过开展“入心、入脑、践行、有趣”的劳动课，将劳动教育融入学生价值引领。通过举办劳动主题教育、专题讲座等形式，开展劳动观念、劳动情感、劳动精神的宣传教育，引导学生树立以劳动为美、以劳动为荣的价值观，提升学生的劳动技能，切实让学生劳有所长、劳有所得、劳有所育。

（五）文化思政——打造独具特色的书香校园文化，彰显育人特色

校园文化是学校的灵魂和生命力所在。踏进蒙城三小仁和路校区的校园，感受到的是书香校园文化独特的艺术魅力，是教书育人的浓厚氛围和文化气息。校园整洁美观，做到了美化、绿化、文化，书香气息浓厚。我校对校容校貌建设进行了别具匠心的规划和设计，处处彰显了“蒙以养正，书香致远”的办学理念，体现了中华传统文化的内涵。学校将教学楼楼道精心打造成别具一格的读书角，学生风采的展示平台，彰显育人特色。在发挥教育功能的同时，也为师生创建了优美、健康向上的环境。校园的每个角落、每面墙壁都经过精心的设计，力争让学校的一草一木一墙一砖都会“说话”，使学生随时随地都能受到书香文化的感染和熏陶，发挥着文化思政的独特作用。

（六）网络思政——利用智慧校园平台，拓展思政教育新途径

习近平总书记指出：“要运用新媒体新技术使工作活起来，推动思想政治工作传统优势同信息技术高度融合，增强时代感和吸引力。”我校充分利用省级智慧学校示范学校资源优势，实现思政教育由线下向线上的转变，积极拓展思政教育的新途径。受疫情的影响，2020年新学期延期开学，我校在做好线上教学的同时，更注重加强学生疫情防控知识普及、生命教育、爱国教育、公共安全教育和心理健康教育等。通过微信公众号、班级微信群，QQ号、钉钉群等及时发布关于疫情防控、心理健康方面的知识及防疫英雄的先进事迹，让学生去阅读，传递正能量，增强了他们抗击疫情的信心，加强了对学生的爱国主义教育。

我校把校园广播电视台作为学校加强学生思政教育工作的重要载体，遵循为学生服务、为学校宣传的宗旨，突出立德树人的根本任务，通过录播、网络在线直播等形式加强学生的思想教育，陶冶学生的情操，在校园内形成积极向上、健康快乐的学习氛围。学校户外电子彩屏也是学校加强学生思政教育工作的前沿阵地。利用电子彩屏，学生观看《弟子规》《千字文》《声律启蒙》《笠翁对韵》等教学视频，齐诵国学经典篇目，展播传承中华美德少年、优秀少先队员先进事迹，宣扬社会主义核心价值观。网络思政教育，以更便捷、更有效、更直观的途径落实立德树人的根本任务，拓展了我校思政教育的新途径。

总之，我校将进一步牢牢把握习近平总书记“八个相统一”的要求，遵循教书育人和学生成长规律，用“四个自信”明心立志，担负起帮助孩子扣好人生第一粒扣子的光荣使命。浇花浇根，育人育心，将思政教育真正落到实处，为培养德智体美劳全面发展的社会主义建设者和接班人贡献力量！

三、学生思想道德建设——一日行为规范活动教育

什么是教育？简单一句话，就是养成良好的习惯。是的，养成好的习

惯，是学生受益一生的教育，好的习惯成就幸福美好的人生。所以，学校从2016年9月起开展“一日行为规范”工作。

让学生自觉地去规范行为是一件很难的事情。一开始，学校要让学生知道哪些事情该做，哪些事情不该做。例如每节课上课的前两分钟，老师可以带领学生一起学习《中小学生守则》。在强化学生学习一日行为规范方面，需要老师运用丰富多彩的形式，每周的主题班会就可以成为学生学习一日行为规范相关内容的主阵地。

（一）如何开展一日规范教育

教师可以借助现代化的教学工具，先向学生简单介绍一日行为规范的内容，如：孝敬父母，主动询问他们是否健康快乐，积极帮助父母做一些自己能做的事情；重信守诺，礼貌待人；“老吾老以及人之老，幼吾幼以及人之幼”，对每个人都不偏不倚；不浪费粮食，爱惜学习工具和生活日用品；保持服装的平整清洁，每周固定时间洗澡；融入集体大家庭，多参加活动，把集体的任务认真有序地完成；不违反交通规则，不随意横穿马路，一定要走斑马线，等等。这些教育内容渗透学生学习生活的每一个方面，在学生的成长过程中起着至关重要的作用。通过教师积极引导，把学生在生活中、学习中常见的日常行为规范准则做一个完整的、系统的梳理，并在课堂上展示给学生看。对于学生难以理解的地方进行耐心细致的指导讲解，让学生能轻松地理解和掌握，并把这些行为规范作为自己的准则。

为了能让学生更直观清楚地了解一日行为规范，教师可以根据实际情况录制相关的视频，先给学生播放一些学生的日常行为，让他们自己判断这些行为是否恰当。学生在思考和讨论中得出正确的结论时，就会在无形中把良好的行为规范作为自己的准则，改正并预防那些不良的行为，形成自己的思想和行为价值体系。

小学阶段的学生年纪小，思想不成熟，他们喜欢模仿周围人的言谈举止。教师是学生最亲近最敬重的人，无时无刻不影响着他们的思想和行为，为了能让孩子更快更牢地掌握一日行为规范，教师要做好表率作用，无论是课堂上还是下课后，都要严格规范自己的言行，言传身教，以自己的实际行动为孩子树立正确的榜样。蔡元培说："美育者，与智育相辅而行，以图德育之完成者也。"他认为不仅要培育学生的知识，还要培育学生的思想和行为。因此，在培育学生一日行为规范的时候，教师既要积极发挥自己的引领作用，辅导学生制订适合自己的学习策略，又要充分发挥自己的示范作用，以身作则。

榜样的力量是巨大的，激励着无数的学生不断前进。在培育学生一日行为规范的路上，学校也要积极发挥模范作用。例如，经常举办一日行为规范评比活动，表扬一日行为规范做得好的班级和学生，并适当给予物质、精神奖励，提高教师和学生参与一日行为规范养成教育的积极性。

在评选一日行为规范之星时，教师要坚持公开、公平、公正的原则，只要学生在一日行为规范方面表现优秀，无论其平时学习成绩好与不好，都要给他一个相应的荣誉，例如："积极回答问题之星""文明礼仪之星""书写之星""勤奋好学之星""热爱劳动之星""勤俭节约之星"等。部分在一日行为规范方面做得不太好的学生，教师不要急于求成，给他们一定的时间，必要的情况下可以采取"专项帮扶"的策略，手把手对学生进行指导，帮助他们更快地掌握一日行为规范的内容，培养他们养成良好的一日行为规范，从而遵守学校的各项纪律规定，以达到全班同学共同进步的目的。

1. 入校时的规范

每学期刚开学后的三天，学校是不进行课程教学的。这三天，所有老师在课堂上，都对学生进行一日行为规范教育，让学生从舒适的假期生活，顺利地过渡到充实有序的学校生活中。

蒙以养正，学生晨起之始，一日行为规范就已经开始了。学校要求孩子必须在家吃完早餐、穿好校服、戴好红领巾、带齐书本作业方可上学。家长不得把孩子直接送到校门口，只能送到校门口五十米处，随后学生背好书包，有礼貌地与家长道别，然后在人行道上排成两队，走直线，转直角，抬腿摆臂，昂首挺胸，进入校园书香广场。

由于父母工作等原因，有些学生到校较早，为安全起见，让学生集中在书香广场上，按照低年级在前排，高年级在后排，排成一个方阵，跟随书香广场的电子屏幕出示的国学经典视频，洪亮整齐地进行国学经典诵读。

清晨大屏幕下晨读的孩子们

有时会有老师和少先队大队长，带领书香广场上的学生朗诵《千字文》《弟子规》《少年中国说》等。无论酷暑严寒，孩子们都聚集于此，只争朝夕，口齿张合之间，琅琅书声溢满校园，既保障了孩子们的安全，又培养了他们对中华传统文化的热爱。

如今，学生在书香广场上晨读已经成为仁和路校区里一道亮丽的风景线，它氤氲着书香、散发着朝气。

蔚为壮观的广场诵读

书香广场的晨读一直持续到早读前，之后这些学生按要求，第一横排的学生向左转变成一竖排，按顺序入班，接着是第二横排、第三横排……没有排到的学生继续在书香广场安静等待。

清晨孩子们排队入校

在排队有序进入班级的过程中，学生可以取水或者上厕所，然后再进入班级。进入班级后立即坐到自己的座位上，拿出书本，放好书包，做到“入班即静，入座即学”，没有特殊情况不得随意下座位或离开教室。

晨读时，每班都要进行10分钟的国学经典诵读，诵读的内容是我市统一印发的《国学经典》读本和我校自己编写的《国学经典》校本材料。

孩子们在班内晨读

2. 上课时的规范

国学经典诵读结束后，正式开始早读课。

在每节课预备铃响起到正式上课铃响起之间，为了防止学生吵闹，学校为学生安排了一些任务，称为“课前三分钟”，具体操作流程如下：

一摆：文具摆放在桌子左上角，按照大书在下，小书在上，文具盒放在最上面的原则，摆好自己的课本。

二查：查作业是否夹在各科相应的书本里，查文具是否带齐。

三不要：不追逐打闹；不下位闲聊；不大声喧哗。

老师在指导孩子们正确摆放文具、课本

因为学校的大课间在第一节课下课后立即开始，学生没有时间去上厕所，所以教师还要注意：早读下课，提醒学生上厕所，第一排学生把中队旗准备好，提前检查鞋带，为大课间准备。

下面是上课期间学生需要养成的行为规范：

上课时，老师走进教室，班长发出“起立”口令后，学生起立，双手抬起椅子，轻轻放在桌子下面，要做到“快、静、齐”。学生站直后，师生互打招呼。

上课的时候，学生需要注意四种姿势，分别是：听姿、说姿、读姿、写姿。

听姿：左手在下，右手在上，头正，肩平，腰直，足安。

听姿

头要摆正，肩膀自然放松，腰要挺直，脚要安安静静地放在地上，不得踩在桌子或椅子的横杠上。

说姿分两步：老师提出问题后，学生举起右手，肘关节不要离开桌面并保持安静。

回答问题时，学生起立后向左或右跨半步站立，不必挪动凳子，声音洪亮清晰说出答案。

说姿

读姿：双手各拿书的一端，书本前倾大约45°立在桌上，眼离书本约一尺距离。

读姿

写姿：手拿笔一寸位置，笔杆斜靠虎口，举右手，准备书写，胸前离桌边一拳，眼离书一尺距离。同时要保持听姿的要求，即头正，肩平，腰直，足安，一尺，一寸，一拳头。

写姿

课堂上，如果老师需要学生上黑板书写，学生还要做到以下要求：学生先把板凳放在桌子下面，轻声稳步走上讲台，在黑板上书写规范工整的字体，书写结束后把粉笔放入粉笔盒，如需修改，一定要用黑板擦擦除，再进行书写。

下课时，老师发出“下课”口令后，学生起立，双手抬起椅子，轻轻放在桌子下面，要做到“快、静、齐”。学生站直后，齐诵:“老师辛苦了，不追逐不打闹，安全游戏最重要。”

下课时的习惯

3.大课间时的规范

上午9点，音乐响起，大课间正式开始。大课间学生出教室分为四步骤。

整理文具。文具摆放在桌子左上角，按照大书在下，小书在上，文具盒放在最上面的原则摆放好文具。

摆放整齐的文具

放好凳子。学生左右跨半步，双手轻拿轻放凳子放在桌子下。

整理衣服和红领巾。

走出教室。注意：因为大课间所有班级同时出动，人数太多，所以各班不准在班里或门口整队，学生带着队旗，两个一排直接走出教室去操场，做到“快、静、齐”。顺手四关：关灯，关一体机，关门，关窗。上下楼梯靠右走，前后保持距离。班级座位的排列要为大课间的排队走出教室提供便利，各班根据自己情况而定，怎么方便怎么安排。

整队参加大课间活动

总之，在学生去操场的路上，一定要做到安全有序，快、静、齐。学生按照规定的路线，走直线，转直角，抬腿摆臂，昂首挺胸，前往操场，周一还要带上《千字文》等国学读本。

大课间的跑操是学生最喜欢也最容易出现危险的项目，因此跑操时学生一定要做到以下几点：

各班之间，各排之间，前后保持一定距离（提醒学生不要只顾着自己跑，要用余光看一看身边的人）。

整齐的队形进入指定位置

迈小步，摆手臂，匀速跑步前进，不准忽快忽慢。

抬头挺胸，不准交头接耳，不准喧哗打闹。

环绕跑道跑步的班级，要沿各跑道的白线跑。

跑步过程中，如果有鞋带松开的，要立即跑到附近安全的地带，系好鞋带后迅速跑步归队。

跑操

4.放学时的规范

大课间结束后，学生排好队，在教师的带领下有序回班。

上午放学铃响起时。学生要做到以下六步骤：

步骤一：学生先收拾文具、书本，再把书包放在桌面右半部分，按顺序把文具、书本装入书包。

步骤二：学生起立，左右跨半步，双手轻拿轻放凳子放在桌子下。

步骤三：学生统一面向左边，弯腰，捡纸片。

步骤四：整理桌椅，确保桌子横排、竖排都在一条直线上

步骤五：学生面向后，背上书包，转身站直。

（出门三关：关电灯、风扇；关一体机、实物展示台；关门窗。）

步骤六：学生持着班牌，按一定顺序走出教室（各班可根据实际情况自行安排，为节省时间，最好不要一排一排走），学生在走廊排成两路纵队（一队出校门向西，一路出校门向东）。

放学走出校门的路上，学生要做到以下要求：学生按照规定的路线走出校园，走直线，转直角，抬腿摆臂，昂首挺胸，全程保持安静。

见到老师问声好，在未到达班级等待区前，任何学生不得私自离队（特殊情况除外）。

到达指定位置后，一队向左，一队向右。走直线，排队走到班级家长等待区。

放学

5. 就餐时的规范

因为我校开设了食堂，部分学生中午在学校就餐，上午放学后食堂就餐的同学以年级为单位，在值班教师和“书香天使”的带领下，安静有序到达食堂门口，齐诵文明就餐公约：进出有序，吃饭无声，不剩饭菜，讲究卫生。

老师指导用餐

6. 午读规范

上午学生在校的一日行为规范到此就结束了。下午的内容和上午基本相同，唯一的区别就是上午的早读课，学生要大声诵读，下午的午自习，学生要安安静静地看书。

每天下午2点30分学生入班后，入班即静，入座即学，安安静静地进行整本书阅读。

学生安静午读

操场上齐诵千字文

一日行为规范是一件简单的事，坚持把简单的事情做好，就是不简单！坚持把平凡的事情做好，就是不平凡！所谓成功，就是简单事情坚持做，重复做，用心做，在平凡中做出不平凡的坚持！

一日行为规范已成为蒙城三小仁和路校区的一张名片，学校里每一位师生都是这张名片的持有者。如切如磋，如琢如磨，每学期开学前的新师培训会，每学期开学前三天的强化巩固，每天的考核评比，每月的一日行为规范通报，每学期的联盟校调研，都是一次切磋，互相借鉴和鞭策。

冰冻三尺非一日之寒，铁杵成针非一日之功，坚持才有习惯，习惯在于坚持。几年来，在全体师生的坚持下，在家长的支持下，一日行为规范取得了一些成绩，赢得了家长的认可，许多周边兄弟学校也来学习参观，阜阳、五河、亳州、涡阳、利辛、淮北、铜陵、界首的同仁纷纷来校区指导、交流、学习。

习惯要靠习惯来征服，习惯要由习惯来取代，让学生养成以一日行为规范为标准的良好习惯，是蒙城三小仁和路校区不懈的追求。

四、坚持五育并举，推进教育评价改革之劳动教育

教育评价事关教育发展方向，有什么样的评价指挥棒，就有什么样的办

学导向。为扭转不科学的教育评价导向，坚决克服唯分数、唯升学、唯文凭、唯论文、唯帽子的顽瘴痼疾，改革学生评价，坚持五育并举，促进德智体美劳全面发展成为了重点任务之一。

劳动教育是五育的重要组成部分，是学生成长的必要途径，具有树德、增智、强体、育美的综合育人价值。加强劳动教育，关系到亿万青少年全面发展、健康成长，关系到国民综合素质的提升，关系到党和国家事业兴旺发达，对培育和践行社会主义核心价值观，传承和弘扬中华民族优良传统，培养担当民族复兴大任的时代新人，具有重大意义。劳动教育评价影响着新时代的劳动教育改革和劳动教育质量提升。加强劳动教育评价，深入贯彻落实《深化新时代教育评价改革总体方案》，有利于全面系统地落实新时代劳动教育政策，切实保证劳动教育提质增效。鉴于学校普遍存在学生劳动教育缺失，劳动意识淡薄，劳动技能不足的现状，根据《中共中央 国务院关于全面加强新时代大中小学劳动教育的意见》和《中共安徽省委 安徽省人民政府关于全面加强新时代大中小学劳动教育的实施意见》的要求，我校开启了劳动教育实施，进行劳动教育评价改革的探索之路。

歌吟事，种粒冬埋春复苏。建校以来，我校坚持劳动教育不放松，秉承“蒙以养正”的办学理念，积极在教学实践中践行素质教育，为学生创造学习空间。经学校申请，政府批准，我校领导因地制宜地利用学校东空置地，为孩子们创设劳动实践基地——蔬香学堂实践基地。通过加强劳动基地建设，给学生提供了良好的劳动实践教育，有效地拓宽了培养学生创新精神和实践能力的途径，也给学生提供了自主管理的平台，使师生们更深刻地理解了素质教育的内涵。

为更好地把实践基地的教育作用最大化发挥，学校精心设计规划，以班为单位，把实践基地分为很多畦。班级辅导员和孩子们根据季节的不同一起制订种植计划，并按照方案进行种植和管理。

蔬香学堂实践基地

孩子们在“蔬香天使”和辅导员的指挥下，种苗、浇水、除草等。平时，班级学生每天排班，在老师的指导下，对自己班的劳动基地进行浇水、松土、除草、捉虫、施肥，按照分工与各班辅导老师投入劳动实践中去。在实践基地里，经常活跃着勤劳的师生，有的锄草，有的松土，有的挑水，有的施肥……师生们顾不上脸上的汗珠，尽情享受着劳动带来的快乐。我校的“蔬香学堂实践基地”变成了各班的综合种植园和蔬菜园，成为了孩子们的“健康成长中的开心乐园”，更是学生劳动教育的实践基地。

老师指导劳动技能

孩子们开心地采摘

辅导教师负责辅导学生的劳动实践，并用手机记录孩子们劳动的美丽瞬间。劳动实践基地里，经常洋溢着欢声笑语，弥漫着高涨的劳动热情。

实践基地果实累累

各班的基地主要种植了红薯、红小豆、生菜、白菜、辣椒、西红柿、茄子、棉花等本地常见农作物。精心的管理使整个园区花繁叶茂、硕果累累。

这些劳动基地不仅起到美化环境的功效，而且给学校提供了无毒无公害的放心菜。学校让学生参与劳动，不仅让他们掌握劳动的技能和技巧，更多的是想培养他们自主、自强、自信的个人品格和观察、思考、探究的学习品质。这样的劳动实践是让学生在基地中观察，充分发挥了学生的主体参与意识，让学生在具体的劳动实践情境中受到教育。

丰收时的喜悦

孩子们走进蔬香实践基地快乐采摘，在采摘、欣赏、分享、品尝自己劳动成果的过程中，心中那份喜悦，都洋溢在了脸上。在品尝会上，学校领导对学生进行思想教育，引导学生在成长过程中能辛勤劳动并以此为荣，树立劳动最光荣、劳动最崇高、劳动最伟大、劳动最美丽的信念，这是教育的重点与方向。在劳动实践中，鼓励学生从小主动辛勤劳动，践行孝敬父母、尊重老师、乐于助人等德行，在提高自己生活技能的同时，也在实践中体会到了父母的不易，学会感恩父母。通过日积月累的点滴劳动塑造学生正确的人生观、价值观。在劳动实践教学中，以体验式教学使学生感悟自身的变化与成长，理解辛勤劳动对于丰富和发展自我的重要性，激发学生在未来学习生活中努力奋进、自主追求与实现梦想的勇气。

学生把采摘的蔬菜带到学校蔬香实践基地成果展示现场向路人售卖，将卖菜得来的钱捐给了学校的贫困留守儿童，帮助他们购买学习用品和生活用品。为此，孩子们感到无比自豪，因为这是他们辛勤劳动所获得的收入，并用这些收入做了特别有意义的事情。

在售卖的体验中，孩子们积极主动地向路人及家长们推销自己的劳动果实，这激起他们极大的兴趣。在推销过程中，孩子们展现出了出人意料的语言交际能力！这既锻炼了他们的语文实践能力，也激发了他们的探索欲望、合作意识、安全意识，真正实现了劳动实践基地的育人目标。

出售劳动果实

学校的“蔬香学堂实践基地”，坚持以“蒙以养正”教育理念，五育并举，带动全校师生积极参与劳动实践，增强了教师队伍的凝聚力，也培养了学生们团结合作的能力；坚持基地建设与素质教育相结合，让学生在实践基地亲手播种、管理、收获、分享，从而热爱劳动和珍惜劳动成果。学生在劳动实践中锻炼身体，历练本领，自我教育，独立成长，体会父母田间劳作的辛苦，明白粒粒皆辛苦的含义。利用丰富多彩的实践活动，引领学生树立劳动最光荣的观念。学生懂得劳动创造价值，劳动创造幸福，劳动创造美好的意义，为学生终身发展奠定基础。

同时，学校还从劳动实践教育和学科课程相结合上下功夫，强化实践第一、体验育人，将劳动实践与作文、科学等教学相结合，德、智、体、美、劳相互渗透、融合，促进学生全面、健康发展；坚持基地建设与梦想教育相结合，通过劳动，孩子们养成了勤劳的好习惯，懂得梦想要植根于现实，其实现需要脚踏实地的干劲、求真务实的韧劲、敢于拼搏的冲劲。

在今后的劳动教育实践中，学校在继续加强劳动教育的同时，还将加强诚实劳动教育，培养学生诚信品质。所谓诚实劳动，在于敬业实干，热爱并踏实做好自己的工作，充分发扬工匠精神，还在于发乎本心。习近平总书记在讲到诚实劳动对国家发展、人民生活的意义时指出："人世间的美好梦想，只有通过诚实劳动才能实现；发展中的各种难题，只有通过诚实劳动才能破解；生命里的一切辉煌，只有通过诚实劳动才能铸就。""诚者，天之道也"，每个人要从集体利益出发，不弄虚作假、消极怠工，要诚实劳动，遵守职业道德，学习并遵循社会发展的规律，努力为国家社会经济发展做出贡献。在诚实劳动教育的实践中，重在学生"诚"的品质的培养。将诚实劳动提升到劳动者的义务与使命的高度，从更深层次意义上提高学生的劳动素质。

另外，还要加强创造性劳动教育，提高学生创造能力。新时代，建设中国特色社会主义现代化强国，要大力实施创新驱动发展战略，将经济发展与科技创新紧密结合。这对我国教育事业的发展提出了更高的要求——通过提倡创造性劳动，重点培养学生创造性思维，以适应时代发展需要，实现教育、科技与经济三者协调统一发展。在利用实践基地教学时，加强学生的创新意识，激发学生创造的热情。创造性劳动关乎未来国家技术创新能力、经济发展、人民生活等多方面的质量与水平，创造性劳动实践教育势在必行，也任重道远。

在以后的工作中，学校要更有效地利用好"蔬香学堂实践基地"，推动教育与劳动实践相结合，发挥劳动教育在素质教育全面发展中的重大作用。

学校有信心把我校的"蔬香学堂实践基地"建设得更好，把我校的劳动实践教育开展得更加有声有色，从而促使我校师生的劳动意识再上新水平！

部分美德少年介绍

2018“尊师孝亲类”美德少年——王思涵

尊师孝亲是中华民族传统美德，它体现了中华民族的聪明智慧。爸爸、妈妈给了我们生命，并花费心血养育我们；而老师又像辛勤的园丁一样每天都会教给我们知识和本领。所以，尊师孝亲是我们作为一名小学生首先应该做到的。

在学校，我尊敬老师，见到老师就会主动向老师问好，成为老师的小助手。有一次，我们张老师为了帮我们班的同学排练合唱比赛，嗓子累哑了，我就想到，每次我嗓子发炎时，妈妈会让我喝些淡盐水。于是，我就用小瓶带了一些食盐给贾老师，让她在学校喝点淡盐水，好让她快快好起来。

在幼儿园的时候，我就会背诵三字经里的“香九龄，能温席；孝于亲，所当执”。后来上了小学，我又懂得了“百善孝为先”的道理。在平常生活中，爸爸、妈妈工作很辛苦。所以，我也经常帮爸爸、妈妈做些力所能及的家务活。两岁时我就能帮爸爸买报纸，帮妈妈买馒头。在二年级的时候，妈妈因手指关节疼不能沾凉水，我每天放学之后就先来到厨房帮妈妈洗菜，然后再去完成作业。在这期间我还学会了煮面条、包饺子、炒鸡蛋、煮粥。现在我仍然经常帮妈妈到我家附近的馍店买馒头，到放心肉店买肉、买油盐酱醋等调味品。从四年级开始，我每天晚上都会为妈妈端洗脚水、拿擦脚布，把水温调试好后让妈妈洗脚。

每到节假日，我都和爸爸妈妈一起回老家看望爷爷、奶奶和姥姥、姥爷。向他们汇报我的学习情况，给他们看我的奖状和成绩单，跟他们聊天让他们享受天伦之乐。

我想，无论我将来做什么，我一定不会忘记老师和爸爸、妈妈在我成长的道路上所花费的心血。我会做到饮水思源，常怀感恩。

2018“助人为乐类”美德少年——胡浩洋

胡浩洋，男，11岁，蒙城三小仁和路校区四（3）班中队长，现任学校纪律检查员。小小年纪，就以良好的思想品质，优异的学习成绩，全面发展的综合素质，连续四年被评为校三好学生，他是同学心中的榜样，是校园里的一道亮丽的风景线。

他热爱集体，关心他人。他总是把班集体的荣誉看得高于一切，日常生活中，为学校为班级服务仿佛使命般印在了他心中。从我做起，是他的格言，严格要求自己、起表率作用、全心全意为同学是他的信念。他经常为班级做些力所能及的事情，把自己融入了学校，融入了班级。他乐于助人，经常主动帮助学习上有困难的同学，不惜牺牲自己的休息时间，一遍一遍耐心地给他们讲解解题的思路，直到他们听懂为止。

在老师的指导帮助下，他认真负责，凡是老师交给的任务，他总是一丝不苟地完成。作为班干部，他严格要求自己，各方面起带头作用，协助老师认真做好班级管理工作。他在班里成立了“帮困小组”，成绩优秀的学生与学习困难同学建立“一帮一”对子，大家都以他为学习榜样，你追我赶，班级同学学习成绩提高很快。

学校劳动，他总是抢着干最脏最重的活儿，从不偷懒，也不会拿出班委的架子只指挥别人干；从不乱扔垃圾，因为他知道劳动的辛苦，如果有同学不守纪律，他会及时指出来，帮助他们改正错误。作为一名大队部干部，他按时执勤上岗，牺牲自己的课余时间做好学校的卫生检查工作，处处维护学校荣誉，树立自身形象，是一名优秀的少先队干部。

胡浩洋爱学习，勤思考，爱钻研。课前，他能认真做好各门功课的预习，课堂上积极思考，小组交流中有自己独到的见解，总能把自己的想法很巧妙地表达给同组同学。课后，能按时保质保量完成老师布置的各科作业。他在认真学好课本知识的同时，还阅读了大量课外读物，如名人故事、历史故事、童话故事、唐诗宋词等。

胡浩洋不但在学习上取得了良好的成绩，而且爱好广泛，全面发展。几年来在各科老师的精心培养下，积极参与了班级及学校的各种活动，既提高了能力，又丰富了生活。小小年纪的他有很强的表演才能，参加了话剧社，他扮演的角色栩栩如生、活灵活现，深受广大师生喜爱，特别是在课本剧《巨人的花园》中扮演“孩子乙”角色，表演得相当出彩。

胡浩洋还是一个节俭和充满爱心的少年。在日常生活中他是一个懂事的孩子，在家里，关心长辈，经常帮助爸爸妈妈做一些力所能及的家务活，陪爷爷奶奶聊天解闷，对待邻里，他文明礼貌、与人为善，深得邻里喜爱。

一分耕耘，一分收获。学习、生活、成长的路是艰辛而漫长的，但他懂得不经历风雨，怎么见彩虹。他正用自己的正直和善良为歌，热心、宽容和助人为乐为曲，弹奏暖人心扉的乐章；他正用自己的理想和追求为笔，进取和奋发为墨，描绘充满希望的画卷；他正用爱心、恒心、信心、诚心托起更加灿烂、美好的明天！

2018“助人为乐类”美德少年——穆希辰

慕希辰，男，11岁，蒙城三小仁和路校区六（3）班学生。在同学们眼里，他是一位品学兼优，热爱学习的小班长；在老师眼里，他更是一位成绩优异，尊敬师长，乐观向上，团结友爱，助人为乐的优秀少先队员。

不仅在学校如此，慕希辰同学在家也是一个懂事孝顺的乖孩子，他常常帮助妈妈洗碗、洗衣服、扫地……学习也不用父母担心，放学回到家就写作业，父母为此很欣慰。每学期考试都名列前茅，还被评为“三好学生”。

从小他就是个助人为乐的孩子。四年级那年学雷锋纪念日里，他带着自己的小伙伴，去探望住在学校旁边破瓦房里的孤寡老人。老人没有孩子，老伴也在不久前去世，于是他就用自己的压岁钱买了包子、面包、青菜给老人送去。每当别人问起他为什不舍得为自己花压岁钱，而舍得给老爷爷买东西时，他总会笑着说:“帮助他人，快乐自己！”不仅如此，每当有什么捐款活动，他也是第一个伸出援手，拿出自己的压岁钱！

在学习上，他严格要求自己，在品行上，他对自己更是严格。为了给同学们树立好榜样，他始终这样严格要求自己。正是这样，他每次考试都能取得优异的成绩！面对同学们的羡慕，面对老师的夸奖，他从不骄傲，而是虚心地说：“骄傲使人落后，谦虚使人进步。”乐于助人、勤奋好学、孝敬父母是这位优秀少先队员的真实写照！

2019“自强自立类”美德少年——蔡晶晶

蔡晶晶，11岁，蒙城三小仁和路校区四（4）班的学生。她在学校团结同学，乐于助人，关心班级，爱护公物；在学习上认真刻苦，各科成绩优异；在班级工作中，能出色地完成老师交给的各项任务，并多次受到学校的表彰，她德、智、体、美、劳全面发展。她做事的原则是“从身边的小事做起，从此刻做起”。

品学兼优，同学的榜样。

蔡晶晶同学在校尊敬老师，团结同学，能按时认真地完成老师布置的各项任务，是老师的得力助手、同学学习的榜样。长期以来，她作为班干部，总是勤勤恳恳地为班级为同学服务，对老师交给的任务，总是不折不扣地完成，并且做得有条不紊。她处处以身作则，为同学树立了榜样。见到有同学违反了学校班级规定，她敢于上前指正。有时遇上个别同学为一些鸡毛蒜皮的小事吵闹，她总是主动上前劝阻调解，常常能使犯错的同学静下心、沉下气来承认错误并表示坚决改正。她这种做法影响了所有的同学，大家共同努力让我们这个班充满了朝气，充满了活力。

关心班级，爱护公物。

蔡晶晶同学作为班干部，总是以身作则，以大局为重。每当班级布置劳动任务时，她都带领同学认真完成，有些脏活、累活自己身先士卒，带头干、抢着干，并且毫无怨言。每次劳动后，她总是把班级的劳动工具整理摆放得整整齐齐。她经常说：“只要能为班级争得荣誉，牺牲个人利益不算什么。”她每一天都要比别的同学晚一些才回家，因为她总是关好所有的门窗和电器才走。在校园里，她同样起到了带头作用，从身边的小事做起。比如说，为了让校园里的环境更加干净、美丽，她还主动和同学在楼梯间捡垃圾，为师生们树立了良好的榜样，成为学校的一道亮丽风景线。所以，她被同学们誉为“班级的小雷锋”。

刻苦勤奋，成绩喜人。

蔡晶晶同学以“做最好的自己”作为自己的座右铭。生活中她以此来鞭策自己，学习上以此严格要求自己，且学习态度端正、严肃认真，学习目的明确。每个学期，她都能制订出科学、合理的学习计划，周密地安排时间。在每年每学期的学科考试中总是名列前茅，年年被班级评为“学习标兵”“三好学生”，从而成为全班学生学习的榜样。虽然取得了如此喜人的成绩，但是她从不骄傲，反而更加刻苦、努力、认真；上课她从不迟到、早退、旷课，也从来没有缺交过一次作业。

敬爱父母，家庭和睦。

蔡晶晶同学与人为善，乐观自信性格的养成与她温馨和睦的家庭环境密不可分。父母互敬互爱，为她的成长营造了一个良好的氛围。父母的爱是她奋斗的最大动力，能回报父母是她最渴望实现的愿望。她从不比吃比穿，不虚荣，自立自强，父母看到她优异成绩时的微笑是对她最大的安慰。回到家中，她会主动学习，父母不用担心她的学习。除了学习以外，她平时在家还会主动做家务，照看弟弟。当父母生日的时候，她还会自己动手为父母做一顿生日餐。平时她还经常为父母揉揉肩、捶捶背。不乱花钱，珍惜粮食，懂得感恩父母。

这就是她，一个乐观向上、成绩优异、品行良好的学生。她说：“勤、孝、义是中华民族的传统美德，我们要好好发扬。”相信在不久的将来，她会带着自己的梦想和优秀的品质闯出一片新天地。

2019“自强自立类”美德少年——李紫馨

李紫馨，女，蒙城三小仁和路校区五（4）班学生，担任该班班长。提起她的名字，校长、老师和同学都会不约而同地竖起大拇指。在学校，她是一个心系集体、认真负责的好学生；在家，她是一个孝顺懂事的好孩子。

认真负责的好班长。

在班级里，她认真负责、敢抓敢管。作为班长，她是班主任老师的“小助手”，是班里同学的“小老师”。她处处以身作则，事事模范带头，积极配合班主任老师抓好班级工作。

作为班长，“官”不大，活却很辛苦，要组织打扫卫生，要帮助老师抓纪律，每天中午，宁愿自己不休息，也要把在学校吃饭的孩子照顾好。遇到重要节日，还要组织出黑板报、组织文娱活动，李紫馨在这样多的事情面前，总是任劳任怨，不计个人得失，不怕苦、不怕累、不怕烦、不怕杂，力争做得多、做得好、做得快。她深得“民心”，在同学中很有威信。个别同学对于她的认真投入、认真负责不理解，在背后议论她“狗拿耗子多管闲事”“是讨老师高兴的马屁精”……这样的话，也传到了她的耳朵里。“我想，我敢抓敢管并没有错，是对的，我就坚持下去，让别人去说吧。作为班长，我应该这样做!”李紫馨没有犹豫，一如既往认真负责。

热心的好伙伴。

在班级里，李紫馨是一位热心的“好朋友”，一位可以信赖的“好伙伴”。同学学习差，成绩不理想，她耐心地帮助；同学有困难，她送去温暖；同学病了，她主动去探望；同学发生了矛盾，她主持公道，不偏袒一方，劝说和好；同学进步了，她热情地进行鼓励。像这样的事，她认为是自己应该做的：“大家选我当班长，我不能辜负老师和同学们的信任”。

乖巧懂事的好孩子。

在学校，李紫馨是位好学生。在家里，她是个懂事的好孩子，大人经常夸奖她。每天回家做完作业，她总是尽力帮父母做些力所能及的家务，自己的事自己做，今天的事今天就做好，是她对自己的一贯要求。有时候爸爸妈妈比较忙，她就主动承担起带妹妹的责任，即使妹妹哭闹，她也没有显示出不耐烦，变着花样地哄妹妹。

滴水折射太阳的光辉，小事衬托人的品格。面对表扬、面对掌声，李紫馨总是很谦虚，也很坦然，她说自己是个学生，只是做了一个学生应该做的事。在那张淡淡的笑脸上，我们看到一种闪光的“色彩”，那是一个孩子的纯洁品格、高尚的修养，正是这份品格和修养，让她胸前的红领巾更加鲜艳！“弘扬传统美德，传承良好家风”在她身上也得到了完美的体现。

2020新时代好少年——李子嘉

李子嘉，一个阳光帅气的11岁男孩。他勤学创新、积极进取、乐观向上，时刻用自己的言行影响着身边的同学。在老师眼中他是勤奋好学、勇于创新的好学生，在同学眼中他是乐于助人、善于钻研的好榜样，在家长眼中他是自信阳光、勇于担当的小男子汉，在邻居眼中他还是充满正能量的爱心公益小天使。

他对待学习专心致志、一丝不苟，今日事今日毕，有一股钻研的韧劲，学习成绩在班里一直名列前茅。他每天还坚持读书、练字、画画、背诵国学经典，并给自己制订了一份精确到分的“一日学习计划表”。他的作文别出心裁、富有新意，当他用“唠叨法”介绍妈妈时，能让读者在捧腹开怀的同时又感受到浓浓的母爱；他用“感官法”描写的雨后春景就仿佛一幅美丽的画卷展示在读者眼前。在解决数学疑难问题时，他总能另辟蹊径地寻找到最简便的方法，数学老师常夸奖他小脑袋里总有一颗闪亮的小灯泡，他的数学作业也因此常被老师拿来当标准答案给学生示范。

他酷爱阅读，书籍是他的好伙伴，因此他被老师和同学冠以“书香天使”荣誉称号。他说家里书架上一排排的书籍都早已装进了他的小脑瓜里，畅游书海的感觉就如同一场美妙的旅行。当然他最爱看的还是军工装备方面的书籍，因为他梦想着长大能当一名保家卫国的军工设计师，一定要用自己的努力为国防建设贡献一份力量。

他团结同学、乐于助人，当周围的同学遇到了难题时他总会主动耐心地帮助他们解答，是同学们信任的好朋友，也是老师的得力小助手，同学们称他为“小数学老师”。他不仅学习成绩优秀，还有着很强的集体荣誉感，努力做好一名认真负责的小班干部和“书香天使”，不管是课间还是放学排路队，总能看到他认真负责维持秩序的身影。每当受到表扬时，他总是谦虚地说：“老师，我还需要不断努力才能做得更好！”

他还是一个多才多艺的好孩子，喜欢唱歌弹尤克里里，喜欢画画爱好书法，并在书法比赛中取得了小成绩，画画也取得了六级水平考试证书。这些成绩的取得源自于他坚持不懈的努力，即使是和家人一起外出旅行，他也会带着画笔拿上速写本，眼前的美景不时跃然纸上。

别看他年纪小，却是一个充满正能量的爱心公益小天使。他的父母皆从事特殊教育工作，而且他的妈妈还是一位爱心志愿者，他从小就受到了润物细无声的熏陶，养成了乐于助人、勤俭节约的好习惯。他用攒下来的零花钱买上文具，跟着妈妈一起去看望贫困学生；还把小衣服整理好，买上玩具、书籍寄给大凉山希望小学的孩子们，并希望他们每天都能够有书籍和玩具的陪伴。一到暑假，他还跟着妈妈一起冒着高温赶赴乡镇、集市进行防溺水义务宣传，他说：“村里的孩子没有爸妈的陪伴，万一去游泳发生溺水多危险啊，希望每一个孩子都平平安安的。”真是一位妥妥的充满正能量的小小爱心志愿者！

李子嘉，小小的年纪便能以勤奋积极的人生态度去努力学习、拥抱生活，用创新和努力赢得学习的进步，用勤学和钻研影响身边的同学，所以他多次荣获三好学生、优秀少先队员、最美书香天使、读写之星等荣誉称号，是一位实至名归的“勤学创新”好少年。

2020新时代好少年——单硕

我叫单硕，今年刚刚9岁，别看我年纪小，我会做的事可多了，兴趣爱好非常广泛。我的爸爸妈妈都是教师：爸爸是体育老师，擅长打篮球，他可是篮球俱乐部的常客，身体健壮无比；妈妈是美术老师，剪纸的水平在全县首屈一指。在这样的家庭熏陶中，我热爱艺术，酷爱运动！

在学校，我可不是一名普通的少先队员，学习上严格要求自己，严肃认真，每学期不是“三好学生”就是“优秀少先队员”。我不仅是老师的小助手，还是同学的好伙伴，校园环境的守卫者。我觉得能够帮助老师，团结同学，在爱护校园环境中起到带头作用，让我们的校园变得整洁美观，是一件无比骄傲的事。在家里，我是一个自强自立的孩子，自己的事情自己做，还能主动帮助爸爸妈妈做一些力所能及的家务。我懂得珍惜父母和他人的劳动成果，不浪费一度电、一滴水，不挑吃穿，不盲目攀比，因为我始终认为中华传统美德是值得我们每个人学习和推崇的。生活中，我又是一个爱说爱笑、乐观向上、乐于助人、热爱运动、积极阳光的男孩。

我在空闲时光最喜欢的就是看书，书是我最重要的伙伴之一。看书不仅能让我的眼界变得开阔，还能带给我很多生活中学不到的东西。我喜欢在知识的海洋里徜徉，那里有很多生活中没听过、没看过的新奇事情。很多时候我会把生活中所见所闻从书里面找出来，看看它们到底和书本上描述的有什么不一样。我的另一个伙伴就是书法，我的老师说过：“要想堂堂正正做中国人，就要工工整整写规范字。”我希望有一天我的书法能练到大师级别，让我的老师为我骄傲，让爸爸妈妈为我骄傲，让我的小伙伴们羡慕不已！受爸爸的感染，我运动细胞很活跃，我还有一个最重要的伙伴，那就是运动。说是运动，其实是因为我的运动爱好很广泛，有篮球、羽毛球、跳绳等。我曾代表三小联盟参加亳州市的跳绳比赛，并且取得了亳州市跳绳第一名的好成绩。我还喜欢搞些有创意的小发明，我的小脑袋常常会闪出一些奇思妙想，我很珍惜这些“金点子”，因为它能让我在爸爸妈妈面前“显摆”。

学习、生活、成长之路是漫长而艰辛的，不经历风雨，怎能见彩虹。谢谢老师对我的培养，更谢谢爸爸妈妈对我的鼓励，是你们让我知道只有在学习的道路上勤奋刻苦、孜孜不倦、善思好问，才能让我具备广博的知识基础，养成良好的学习习惯；健康的体魄才能让我拥有好好学习的资本。劳逸结合，科学的学习方法，持之以恒的学习态度，才能让自己出类拔萃。

2020新时代好少年——马奔腾

大家好，我叫马奔腾，是学校五（2）班的学生。

父母的言传身教，老师的悉心教育，在我的心灵中种下一粒粒健康向上的种子，使我一天天茁壮成长成一名品学兼优的小学生。在家里，我是个尊敬长辈、孝敬父母、独立自强的好孩子；在学校，我是位勤奋学习、心系集体、尊敬师长、团结同学的优秀少先队员；在社会，我是位诚实守信、遵守社会公德、热心公益活动的好少年。

在家里，我尊敬长辈，能主动与父母进行沟通交流，为父母分忧，自己的事情自己做，并承担力所能及的家务。

在学习上，我勤学好问，勇于质疑，课余时间看些课外书，扩大知识面。

在五年的学习生活中，我养成了良好的道德品质。我认为要想成为一个诚实守信的人，首先要严于律己，绝不能做损害人民和社会的事情。我热爱祖国，热爱人民，始终不忘自己是一名中国少年先锋队的队员，主动关心国家大事，在家长的引导和教师的培养下，积极提高自己的是非辨别能力。我经常和爸爸一起看新闻，奥运会上五星红旗的一次次升起会令我心情澎湃。我觉得作为一名小学生，仅仅学习成绩好是远远不够的，从小学会诚信做人，培养高尚的情操，养成良好的行为习惯更为重要。我是这样想的，也是这样做的。我时时以高标准要求自己，诚信做人，赢得了老师的信赖，同学的尊重。

一分耕耘，就有一分收获，我付出了辛勤的劳动，同时得到了丰厚的回报。五年中，我多次被评为“三好学生”“优秀班干部”“优秀少先队员”“校园广播电视台主持人”“道德标兵”等，参加讲故事比赛获校一等奖。

人的一生，学无止境。我深知，在以后的学习生涯中，我还需要不断寻找自身的差距，不断克服缺点，完善自我，努力成为“爱国守法、明礼诚信、团结友善、勤俭自强、敬业奉献”的新一代公民，成为祖国建设中的栋梁之材。

2021新时代好少年——王雨婷

王雨婷同学如同闪亮的校园之星，拥有阳光般的心态，不怕挫折，乐观向上，诚实守信，追求尽善尽美，努力做最好的自己。她的一言一行，都在展现新时代好少年应该具有的美德，她相信“心若绽放，清风自来”。

勤奋好学，醉心阅读的小榜样。

王雨婷同学努力学习，爱动脑子，有独特的见解、多向的思维，她善于总结，形成一套自己的学习方法，养成了良好的学习习惯，各科成绩一直名列前茅。尤其是在智慧阅读中，她更是潜心书海，博览群书，一篇篇读书笔记记录着她的成长。她在书的世界中放飞内心的梦想，探究知识的奥秘。良好的阅读习惯，提升了她的写作水平，她的作文多次作为范文在班级交流评赏。

尽职尽责，能力出色的好班长。

“一花独放不是春，百花齐放春满园。”一抹笑意，一声问候，她把友爱的暖流融进集体每个同学的心田。王雨婷同学微笑交往，热忱帮助，把她的宽容、热情、关爱传递到每个同学心中，把班级同学凝聚在一起，带动全班同学一起团结合作，在她的影响下，班级里充满了朝气，充满了活力，班风正，学风浓，每个同学都有强烈的集体荣誉感，六（7）班犹如一个和谐的大家庭。在学校开展的广播操比赛中，从策划到组织，她不遗余力地带领全班同学排练，充分调动每个同学的积极性，发挥出每个同学的潜力。最后的比赛，她们班获得了第一名的好成绩，她出色的指挥，受到了同学和老师的一致好评。

兰心蕙质，乐于助人的小天使。

王雨婷同学心地善良，乐于助人。她像真诚的阳光，洒向班级每个角落，用阳光般的魅力感染着周围的人。她常说："帮助别人，欢乐自己，赠人玫瑰，手留余香。"她从小养成了自强自立的好习惯，帮助父母做一些力所能及的家务事，为父母分忧，成为父母骄傲的好孩子。在社会上，她时刻记得自己是一名少先队员，遵守社会公德，热心公益活动，主动为身边的小伙伴送去精挑细选的课外书和一些完好的玩具。她保护公共财物，爱护生态环境，不乱扔垃圾，爱护一草一木，从小就养成节省每一滴水、每一度电、每一张纸的好习惯，他还提醒家人和身边的人一起保护环境。

一分耕耘，一分收获。她从一年级到六年级连续被评为"三好学生"，2019 年、2020 年、2021 年被评为"书香天使"。在学校老师的谆谆教导下，她如一株小白杨，和着阳光、伴着风雨，欢乐地成长着。

2021 新时代好少年——邵珞萁

邵珞萁是一个勤奋刻苦，乐于助人的孩子。在学习中她认真刻苦，上课时专心听讲，课下作业认真完成，正是她的刻苦，成绩自然节节攀升。她团结同学，热心助人。每当有同学向她请教问题时，她总会认真热情地帮助同学解答。她热爱自己的学校，作为班干部，她总会努力做好老师布置的工作，当好老师的小助手。每次和爸爸妈妈谈起学校里的事情，她脸上都洋溢着幸福和快乐。

对自己感兴趣的知识，尤其是历史、中国古代神话故事和古典诗词，她都有着强烈的学习欲望。在她很小的时候，她就会指着自己喜欢的儿歌或者故事，一个字一个字地问父母怎么读，并把它们牢牢地记在心里。不仅如此，在舞蹈、小主持方面她也用心学习，希望自己能全面发展。

一个周末的下午，妈妈骑着电动车带着邵珞萁回家。经过一个小区门口时，邵珞萁远远地发现，有个比她小的男孩不顾过往的行人和车辆，不停地在路中间来来回回奔跑，邵珞萁立刻跟妈妈说："妈妈，我们看看那个弟弟怎么回事吧。”当她们走到小男孩身边，看到小男孩在哭，嘴里还不停地喊着：“我要找爸爸妈妈，我要回家。”原来他和爸爸妈妈走散了，找不到回家的路了。邵珞萁立刻安慰他：“弟弟别怕，我们送你回家。”她耐心询问着小男孩的情况，让他冷静地想一想自己是从哪个方向跑过来的。因为有了邵珞萁的安慰，小男孩的情绪渐渐地平静了下来。她们带着他在附近转了好几圈，询问了许多人，也没有找到他的家人。这时候，突然从远处跑来一个姐姐在大喊着找她的弟弟。小男孩听到了姐姐的呼唤，立刻跑了过去。姐弟俩激动地拥抱在了一起。终于帮助小男孩找到了自己的家人，邵珞萁也很高兴。回家的路上，坐在后座上的她和妈妈说：“妈妈，能帮助别人真好。”妈妈告诉她：“予人玫瑰，手有余香。”善良就像一颗种子，种在她幼小的心里，日积月累一定能开出更美丽的花朵。

邵珞萁是一名普通的小学生，她也是爸爸妈妈的贴心小棉袄，老师的小助手，同学们的好伙伴，她努力用自己的方式，去认知探索这个世界。希望她在以后的成长道路上继续努力，做一个爱学习、有爱心的新时代好少年。

致远篇

我校为深入贯彻《国家中长期教育改革和发展规划纲要（2010–2020年）》精神，推进学校文化建设，扎实实施素质教育，引导学校走特色和内涵发展之路，以社会主义核心价值观教育为核心，以树立正确的世界观、人生观、价值观为重点，以养成高尚的思想品质和良好的道德情操为基础，遵循学生的认知和成长规律，坚持以人为本，促进学生的全面发展。按照“整体规划，分步实施，全面启动，示范引领”的建设要求，围绕“一年建项目、两年出特色、三年树品牌”的工作思路，我校有序推进“一校一品”建设，进一步丰富学校内涵，提升办学品位。

根据市教育局《中小学“一校一品”建设活动实施方案》精神要求，结合学校的发展思路及办学理念，学校的领导班子开始酝酿“阅读工程”。学校领导于2016年12月赴深圳市龙华区书香小学考察学习校园文化建设，2017年3月，受邀到深圳参加整本书阅读教研活动。同年12月，作为皖新传媒百所理事学校之一，学校领导及教师代表参加铜陵田家炳小学举办的阅读峰会，会上听取了田家炳小学的阅读工作汇报。结合我校的智慧学校建设，运用信息技术开展智慧阅读，于2017年12月中旬学校正式启动“阅读工程”。至此，“智慧阅读”在我校轰轰烈烈地拉开了序幕。

一、智慧阅读方案的制定

我校根据实际情况，决定从2017年11月起，利用三年左右的时间，组织开展“一校一品”建设活动。经研究，确立“智慧阅读”为我校“一校一品”创建项目。为了更好地开展活动，我校制定了如下“智慧阅读”实施方案。

（一）目标任务

引导广大师生“多读书，读好书，好读书，读整本的书”，在学校内形成读书热潮。通过读书活动增加学生的课外阅读量，提高学生的读写能力，拓宽学生的知识面，激发学生读书的兴趣，促进学生个性和谐发展，提高学生的综合素养。营造知书达礼、好学求进的校园风尚，推进学校“书香校园、文明校园、美好校园”建设。

（二）背景分析

蒙城三小仁和路校区校园由教学区、运动区、绿化区、午餐区、实践活动区、综合功能区、地下停车区组成。学校教育教学设施先进，设备齐全。学校的每个教室都配备高端的一体机，学校还拥有现代化的总控室，藏书4.5万册的阅览室，150平方米的国学馆。学校先后获得“全国青少年毒品预防示范学校”“全国中小学科普教育示范基地”“全国省级青少年校园足球活动布点学校”“安徽省中小学智慧学校示范学校”“安徽省最美校园书屋”“蒙城县戏曲曲艺进校园示范学校”等荣誉称号。学校把“蒙以养正，书香致远”作为办学理念；把“为学生一生奠基、为祖国发展育才”作为办学宗旨；把“腹有诗书气自华”作为校训，把“最是书香能致远”作为校风；把“粉笔无言写春秋”作为教风；把“读书万卷始通神”作为学风。学校以“爱思考”“爱运动”“爱阅读”“爱生活”四个维度为核心，努力把学生培养成为知行合一、心智和谐的人。

学校厚基础，重素质，扬个性，促发展，力争通过读书活动增加学生的课外阅读量，提高学生的读写能力，打造学生的人生底色，提高教育质量，创建特色学校。

（三）组织实施

1.实施步骤

按照“低起点、小坡度、分阶段、分层次”的要求，学校将智慧阅读工作分三个阶段进行。

第一阶段：准备阶段（2017年11月至2017年12月）。

各班成立家长委员会，宣传智慧阅读的意义。学校统一制作“阅读存折”。

第二阶段：实施阶段（2018年2月起）。

（1）内容。

教师：共读经典（重点读《论语》），谈感受。

学生：齐诵经典（校本教材）；在老师指导下进行智慧阅读，并分享读书收获（通过多种形式反馈）。

（2）形式。

教师：集中阅读和个性阅读、集中分享（教研组长统一安排）。

学生：晨诵、午读、暮醒，阅读课师生共读（老师早期进行导读激趣、中期引导读书推进，后期主持读书分享），课外亲子共读，课间操展示读。

（3）具体做法。

①业务培训，提升能力。

召开各层领导会议、家长会议，高度重视，务求实效。

②重建语文课堂，改进阅读教学。

每个年级除了以课本为内容的语文课外，还要增加一节以阅读指导、展示、交流为主的阅读课。每个班以不同形式在阅读课上进行整本书阅读指导、展示、交流。各年级在教导处指导下，配合智慧阅读教学团队选定每学期的精读和选读书目，要求以学校现有图书为主，一年级以绘本为主，二年级以童话为主，三年级以故事为主，四年级以上以经典书目为主，每年级一学期所读书目必须一致，读书时间不分先后，以便于统一考核。

加强教师课程意识的培养。让每一位教师都参与到整本书阅读中来，对学校开展的智慧阅读要足够重视，通过宣传动员、业务培训，让教师认识到：如果学生没有形成阅读的爱好和习惯，那么这样的语文课是不成功的。教师逐渐要从智慧阅读课程的执行者，变成课程参与者、开发者和引导者。

引导教师学习先进的智慧阅读理念和科学的智慧阅读指导方法。采用“走出去，请进来”等形式，组织教师外出专题培训学习；召开以智慧阅读为主题的专项教研会议，全面推进智慧阅读；培养种子教师，通过上示范课，引领广大教师掌握指导学生智慧阅读的方法。

③优化策略，专项教研，分步推进。

教研活动分为两块：语文教学研讨和智慧阅读教学研讨。通过研讨，使语文教学和智慧阅读教学相辅相成。阅读教研主攻整本书阅读指导策略。每月精读一本书，每周开展一节阅读指导交流课。每本书四节阅读课：导读激趣、问题推进、分享交流、延伸拓展。

④营造氛围，推进活动。

语文老师每个月定期向班级学生推荐好书；学校定期评选“阅读之星”“书香班级”“阅读点灯人”“阅读达人”“书香家庭”；师生共读，每周写读书笔记2~3篇，每月召开一次阅读分享会；评选优秀读书笔记、优秀书签、优秀手抄报；学校定期举行读写大赛，并鼓励学生积极向报刊投稿；开展丰富多彩的校内外阅读实践活动。

⑤课题研究，以研促教。

学校着力开展的智慧阅读教学，是一项特色工程，也是对教育教学的一种探索。学校在经验不足的情况下摸索前行，要求智慧阅读教师团队记录工作中的点点滴滴，定期汇报交流工作情况，推广经验，查找不足，商讨对策，形成原始资料汇存，并以此确定课题，加强研究，组建课题组，以研促教。

⑥加强考核，促进阅读。

学校每学期都举行线上和线下的整本书阅读和国学经典知识竞赛、背诵比赛等，对表现优秀者给予奖励。

2.措施保障

（1）加强组织领导。

此项工作在联盟校李强校长直接领导下，由仁和路校区江长美校长负总责。学校把智慧阅读活动作为提高教育教学质量、促进学校内涵式发展、建设智慧校园的重要举措来抓。

（2）做好宣传发动。

学校通过开展集体教研、集体诵读、读书分享等活动，让教师、学生、家长明确开展智慧阅读活动的重要意义，引导他们积极参与到活动中来。

（3）保证阅读书目和阅读时间充足。

结合新课改与我校藏书实际，做好书目的推荐工作并分学段向学生公布；积极联系新华书店或相关网站，帮助家长和学生购买书籍。

每天从早晨进校开始，早到同学站在校园内面向大屏幕在教师引导下诵读；进入教室后，再由教师在监控室带领全体同学集体诵读。大课间时，学校将经典诵读内容融入体育活动，让学生在运动中和国旗下感受中华传统文化的魅力。课程设置方面，从一年级至六年级坚持开设国学课程，同时适当增加语文课中课外阅读的内容。教师们进校以后，每天上午还要用20分钟时间集中诵读经典，每学期保证每一位教师要讲授至少一次阅读分享课，学校将对分享课例进行全程录播，作为资料保存。

（4）加强常规管理。

学生要在教师指导下制定阅读计划，班级要为学生建立阅读个人档案，教师也要带头阅读，撰写读书随笔。学校安排语文教师或班主任担任阅读辅导教师，并将阅读课时计入教师的工作量。教师还要加强对阅读的理论和实践研究，从阅读的内容、方法、数量、情感态度等方面提出不同阶段的达成目标。

（5）建立评价激励机制。

学校建立对学生、班级、教师的智慧阅读专项评价机制。学校每学年开展以智慧阅读为主题的竞赛活动，对获奖者在班级考核和教师考核中奖励相应的积分。

（6）创设良好条件，方便学生阅读。

一是学校为每班配备书橱，建立图书角；二是鼓励学生互相交流个人图书；三是鼓励学生分享阅读心得，做好阅读记录；四是改革图书借阅办法，让学生多借书，借好书；五是调整图书管理员的作息时间，充分利用好课余时间方便师生借阅；六是动员全校师生行动起来，通过各种方式寻找阅读资源。

（四）阶段成果

三年来，智慧阅读带给我们很多变化。

一是改变了学生的学习方式。春风化雨，润物无声。通过开展智慧阅读活动，同学们对读书活动投入了很多热情，一种良好的读书氛围渐渐在我校形成，读书在扩展学生的知识面，增加学生的知识储备，丰富学生的阅读体验，充实学生的精神生活，提高学生的语文学科素养方面作用显著。我校学生在国家级、省级、市级作文大赛，演讲比赛，辩论赛中获奖；若干篇教师教育研究成果在国家级、省级、市级大赛中获奖或在教育刊物上发表。

二是改变学校的发展模式。智慧阅读活动的开展，促进了校园文化建设和校风、教风、学风的进一步转变。近年来，学校的教学质量稳中有升，取得了较为理想的成绩。“开展智慧阅读，营造书香校园”特色品牌已基本在我校形成。

三是编写了校园读本，确定了共读书目。“最是书香能致远，腹有诗书气自华”，为了让智慧阅读工程有计划、有步骤地开展下去，学校成立了智慧阅读工作领导团队，团队成员根据不同的年级学生的身心特点，组织编写了校园读本，确定了各年级必读和选读书目。

读书活动是一项功在当代，利在千秋的工作，学校将一如既往地开展下去。学校坚信师生与书相伴一生，一定有质量、有生机；学校有书香飘溢，一定会有内涵、有发展。在今后的工作中学校会在原有的基础上，把读书活动进一步抓好，让其在教育教学中发挥更大的作用，盛开出更艳丽芬芳的花朵，结出更大更香甜的果实。

智慧阅读工作的开展还需要取得家长的支持，做到家校协同。受传统观念的影响，有的家长把阅读课外书看成是看闲书，影响孩子学习成绩；有的家长认为买课外书花费高不值得；有的因为自身工作忙而无暇顾及；有的则认为只要孩子喜欢的就是好的……种种思想上的不一致，让孩子的阅读脱离学校开展阅读工作的初衷。家校协同，顾名思义就是家庭和学校互相协作，共同培育学生。而家校协同是阅读工作顺利开展的有力保障，是学生形成良好阅读习惯的前提。

学校阅读重核心素养，家庭阅读重兴趣。家校协同阅读能够使双方在阅读内容的选择上形成互补。阅读指导中，家长往往缺乏正确而有效的阅读指导方法；而学校则有完善的阅读制度，行之有效的阅读方法。家校协同阅读能有效弥补家长阅读指导方法上的不足。

为与家长达到思想认识上的统一，使阅读工作协调有序开展，学校组织每个班级都召开了专题家长会。各班在阅读书目的选择，阅读兴趣的培养，阅读习惯的养成，学生成长的需要等方面与家长进行了充分的沟通与交流。同时，家长也在单祎校长的精心筹划下，分年级开展了家长教育专题课，提升了家长们的家庭教育水平。

二、智慧阅读方案的实施

以下是蒙城三小仁和路校区部分阅读方案，供大家参考。

中华经典诵读活动方案

中华传统文化源远流长、博大精深。经典诵读，使孩子在最佳的年龄段能接受祖国源头文化的熏陶，通过开展中华古诗文经典诵读活动，弘扬中华优秀传统文化，潜移默化地形成优良的道德思想，并逐渐完善自己的人格。

一、实施目标

通过经典诵读，充分激发学生学习中华优秀传统文化的兴趣，促使学生从小热爱中华传统文化，多读、多背以加强语感，积累语言，陶冶情操，丰富想象。

通过经典诵读，为学校的管理和发展增添激情、注入活力、丰富内涵，从而形成浓厚的校园文化底蕴。

二、诵读内容

1.准备阶段（2018年9月至2018年12月）

计划用一学期的时间，以《千字文》为突破口，在学校的统一组织下，通过全校师生集体诵读氛围的营造，从而引发学生吟诵经典的浓厚兴趣和良好习惯，形成一定的诵读规模。

2.推进阶段（2019年3月至2019年12月）

在进一步做好《千字文》诵读任务的同时，各年级要补充相应的其他任务，以扩大经典诵读的影响和成效。

一至二年级：《弟子规》《三字经》。

三至四年级：《笠翁对韵》《诗经》。

五至六年级：《论语》《道德经》。

《笠翁对韵》《诗经》《论语》《道德经》可以选择部分章节内容进行诵读，目的是引发学生对传统经典内容的了解和关注。

三、具体实施

1.诵读时间

每天安排二十分钟的经典诵读时间，采用教师带读、学生齐读、优生领读、自由对读等多种形式，让学生吟诵，注重学生诵读的验收和评比。

利用每天上午大课间的时间，通过校园广播播放诵读录音，让学生模仿吟诵。有条件的学校可以自编手操、韵律操，配合诵读表演。

2.诵读要求

经典诵读应遵循以下原则。

模糊性原则：不求甚解，只求熟读成诵。

差异性原则：整体推进，承认学生个体间记忆思维等的差异性。

自主性原则：允许学生在规定阶段完成规定内容外，诵读更多的经典，给予相应的评价。

鼓励性原则：评比鼓励，平时激励，以引导学生热爱经典为根本。

各班诵读力求做到：学校活动与班级活动相结合；个人学习与集体辅导相结合；诵读与展示相结合；评比与激励相结合；总结与提高相结合。

古诗文背诵之“三要”：心要专——专心致志、不可分心；眼要准——

仔细看准、全神贯注；口要到——边看边读、通顺流畅。

3. 诵读措施

创造诵读的氛围。通过经典诗文图展以及利用宣传栏、黑板报等形式让学生随处可欣赏到古诗文佳作佳句，在潜移默化中受经典文化熏陶。学生在课前3分钟和睡前10分钟进行朗读吟诵。班级和学校组织学生根据诗文进行诗配画活动，办手抄报、进行再创造，即按班级、年级、学校逐层举办诵读活动。诵读活动有指定内容背诵、接龙赛、抢答、自由发挥表演等多种形式，并有接力赛、抽卡赛等，最后选拔出明星班级和国学达人。

积极营造“诵读国学经典，积淀文化底蕴”的书香校园，探讨经典诵读教学的方法，让学生先背诵大量的古诗文，实现“量”的积累，充分汲取古诗文的精华，得到经典文化的浸润，厚积薄发，把经典诵读、古诗吟诵与语文教学结合起来，引导学生学以致用。

建立学生的诵读档案，积累好一系列过程资料，如：学生诵读情况分析、出现的问题和困难分析、家长意见征询、班级活动方案、记录照片、成熟做法经验推广等。

大课间诵读。师生随音乐节奏共同吟诵古诗词，不会背诵的可以看底稿跟着读，慢慢达到脱稿成诵；体育和艺术老师随音乐节拍编排一些手操、韵律操，在背诵的同时达到肢体运动的效果；在背诵形式上，可以集体诵读，也可以采用男女生轮背、班级轮背，不同班级展示等形式。

“智慧阅读 快乐寒假”蒙城三小仁和路校区寒假阅读方案

学校积极践行“立德树人、特色发展、阅读先行、和谐共进”的特色理念，依托智慧校园、书香校园建设，把智慧校园建设与阅读工作相融合，立足常规求特色，立足特色谋发展，走出了一条阅读为本，质量立校，特色发展之路。

寒假即将到来，为将整本书阅读活动不间断地开展，让学生已基本养成的诵读习惯继续保持，结合我校实际，特制订“智慧阅读工程”的寒假阅读方案。

一、指导思想

“智慧阅读 快乐寒假”营造浓厚的校园文化氛围，彰显“书香校园”特色，推进我校的“智慧阅读”工作开展，提高学生的综合素质，帮助学生养成良好的阅读与学习习惯，逐步培养和提高学生的审美能力和语文素养，进一步营造全校读书氛围，激发师生的阅读兴趣。

二、活动目标

培养学生阅读的兴趣，使学生养成热爱读书的习惯，扩大学生的阅读面。

营造浓郁的“书香校园”读书氛围，让“智慧阅读”呈现阅读智慧，培养学生的品德修养和审美情趣。

三、活动主题

“智慧阅读 快乐寒假”。

四、活动对象

全校学生。

五、实施原则

1. 智慧性原则

充分利用“智慧”阅读平台，激发学生的阅读兴趣。

2. 科学性原则

遵循学生认知的规律，从实际学情出发，合理选择读本，多种阅读方式相结合，处理好课外阅读与课内教学的关系。

3. 全体性原则

全体学生参与，充分发挥学生的主观能动性。

六、领导小组

组　长：单祎

副组长：各年级阅读组长

成　员：全校所有语文教师

七、实施措施

1.制度保障

为使“智慧阅读”常态化，建立年级阅读组长检查制、教导处督查制、语文老师指导制、活动评比制，把寒假智慧阅读开展情况作为星级班级量化评比标准，让学生树立集体荣誉感并养成良好的阅读习惯。

2.时间保障

每天晨诵国学经典、午读年级共读书目、晚上写读书笔记。

3.阅读书目

学校的智慧阅读系统要保证使用，“班级书吧”“三味书屋”“书香益智园”“汤姆叔叔的小屋”“逍遥馆”“竹林社”等书吧图书要充足。

4.师资保障

语文教师是“智慧阅读”的关键，采取“走出去，请进来”的方法深入学习智慧阅读教学的理论，加大教研力度。

5.考核保障

每周评选一次“智慧阅读”之星，每月评选一次“智慧阅读”星级班级，均纳入教师量化考核标准。

蒙城三小仁和路校区2020—2021学年第二学期阅读成果展评实施方案

一、展评目的

通过阅读成果展评，激发学生的读书热情，使学生养成爱读书、读好书、读整本书的习惯。

通过阅读成果展评活动，丰富学生的阅读量，提升学生的阅读水平，促进学生核心素养的全面发展。

通过阅读成果展评活动，推动我校智慧阅读工程开展，推进我校书香校园建设，在全校营造更为浓郁的阅读氛围，不断提升我校办学品位。

二、展评内容

年级共读书目的读书笔记、手抄报、书签、亲子阅读图片等。

三、展评对象

全校学生。

四、展评形式

集中展评。

五、展评地点

书香楼北侧围墙。

六、展评时间

5月8日上午8：00~11:00一至三年级展示；下午2:30~5:30四至六年级展示。

七、展评要求

各班按时间要求在划分好的区域内进行展示；各班展示作品时，要分类摆放，布局合理美观；展评结束后，各班要及时收回展评作品，以防损坏或丢失。

八、评奖

各班按展评作品评出一等奖2个，二等奖3个，三等奖5个；各班把各类作品评出的一等奖，以年级为单位交送到活动办，学校分年级评出一、二、三等奖，并颁发荣誉证书。

九、活动小结

为进一步推动智慧阅读工程，激发学生的阅读兴趣，培养学生的阅读习惯，提高学生的阅读能力，丰硕阅读成果，在学校领导的积极促进下开展了此次阅读成果展评活动。

此次活动分两个时间段，上午是一至三年级，下午是四至六年级。各班都在规定的时间、划定的区域内把班级内最优秀的阅读成果作了充分展示。

读书笔记、手抄报、书签、亲子图片等，充满诗情画意。这些成果是教师指导的结果，是学生阅读的成果，是学生智慧的体现。

他们展示的不仅是阅读成果，更是一个班级风采，一个班级的精神。在展评时间内，各班都排队参观交流。

孩子们开心地欣赏着自己或别人的阅读成果，流连忘返。

此次展评活动，在全体师生的共同努力下，圆满完成。活动开展秩序井然，阅读成果的展出受到全体师生的一致好评。

蒙城三小仁和路校区2020—2021学年第二学期阅读成果展演活动方案

一、指导思想

为庆祝中国共产党成立100周年，传承和弘扬中华优秀传统文化，培育和践行社会主义核心价值观，培养学生心向党、跟党走的情感信念，力争让每个学生都有机会用自己擅长的方式展示自己的阅读成果，放飞心中梦想，让家长看到学生的阅读收获，促进家校协作，同时通过活动继续营造浓厚的阅读氛围，激发学生的阅读兴趣，我校组织开展了“童心向党”阅读成果展演活动。

二、组织人员

组　长：江长美

副组长：代汉付　单祎

成　员：汪娜　侯磊磊　李冉　孙永红　李春来　王磊　陈朋飞

郑德玉　各年级组长

总策划：孙西侠

三、展演主题

“我阅读·我快乐·我成长”——献礼中国共产党成立100周年。

四、展演具体安排

1.展演内容

一年级童谣，二年级声律启蒙，三年级古诗，四年级国学诵读，五年级古诗词吟唱，六年级《论语》诵读。

2.展演形式

以年级为单位，台上与台下互动，全体学生齐参与。展演分两组：一至三年级为一组，四至六年级为一组。

3.展演要求

为保证展演有序进行，各年级按要求有序入场到指定位置。组织好纪律，统一穿校服。展演积极向上，节奏整齐、声音洪亮、精神饱满、富有朝气、台风好，上下台纪律良好、动作整齐，服装整齐，表现力丰富，表现形式富有创意。

4.展演时间

6月25日前。

5.展演地点

操场。

蒙城三小仁和路校区2020—2021学年第二学期国学经典及年级共读书目知识竞赛实施方案

为弘扬国学经典，增进学生对中华优秀传统文化的热爱，推动我校整本书阅读工作，提高我校学生的综合素质和人文素养，形成良好的经典诵读、智慧阅读和校园文化氛围，学校定于2021年5月12日和14日举行三至六年级的国学知识和年级共读书目知识竞赛，具体方案如下。

一、竞赛主题

诵读国学经典　彰显阅读智慧　营造书香校园

二、竞赛规则

本次竞赛面向三至六年级的学生，分年级组竞赛，每班选5名学生参加。

三、竞赛形式

1. 智慧测试（时间为40分钟，分值100分）

地点在智慧教室，学生在智慧教室里通过平板电脑进行答题。

2. 现场背诵

内容从年级国学经典和校园读本里任选四则内容（时间3分钟，随机抽背4段内容，分值10分，要求吐字清晰，诵读流畅，语速适中，穿校服）。地点在会议室。候场时，学生要保持安静，按序号站好队。违反纪律的取消参赛资格。

四、竞赛具体时间安排

活动时间5月12日下午3点，三、六年级同时测试。三年级智慧测试（智慧教室），六年级现场背诵（国学馆、会议室）；六年级智慧测试（智慧教室），三年级现场背诵（国学馆、会议室）。5月14日下午，四、五年级比赛安排同上。

五、竞赛内容范围

校园读本、国学经典（亳州市教育局编写）、美丽阅读、课本中涉及的国学知识及“日积月累”内容、本学期内年级按阅读计划已阅读书目。

六、奖项设置

根据分数每年级设一等奖2名、二等奖4名、三等奖10名（设奖品），优秀奖若干；每个年级设一名优秀教师辅导奖（根据班级参赛学生的积分评选）。

七、注意事项

各年级语文组长在5月10日下午放学前将本年级各班参赛学生名单（电子版）汇总。

各班语文老师要组织好参赛选手做好参赛准备，未尽事宜另行通知。

智慧阅读优秀作品选登

让阅读成为校园最美的风景

李　强

习近平总书记在2019年新年贺词上说：“我们都在努力奔跑，我们都是追梦人。”回眸过去的两年，蒙城三小仁和路校区5000多名师生在我带领下，在书海中扬帆起航，追逐书香之梦。学校读经典，拜名师，访名校，取真经，凝心聚力做阅读，携手并肩走在书香校园建设的征程上。行于途，歌于道，闻过芳草花香，采撷精彩华章，阅读已经成为校园最美的风景。

学校要重视培养学生广泛的阅读兴趣，拓宽智慧阅读面，增加阅读量，提高阅读品位，提倡少做题，多读书，好读书，读好书，读整本的书。通过多种媒介的阅读，鼓励学生自主选择优秀的读物，加强阅读的指导，开展各种阅读活动，创造展示与交流的机会，营造人人爱读书的良好氛围。为了落实新课标内容，为了适应新教育发展，学校于2017年12月启动了智慧阅读工程，具体做法如下。

一、提升办学理念，打造书香胜地之境

蒙城三小仁和路校区把“蒙以养正，书香致远”作为办学理念，“书香”就是书的香气，书的内涵，“致远”就是通过多读书，读好书，会读书，实现自己的理想，能够让自己的人生旅途更宽广，更长远。蒙城三小仁和路校区的办学理念体现了书香的主题，也催生了校园文化的打造，以书香为胜地。

二、营造阅读氛围，打造书香校园之景

欲将校园打造成为文化胜地，物质载体是基本保证，蒙城三小仁和路校区在校园各处因地制宜开辟各种开放式阅读区，阅读区里布满了书。书香飘满校园，书气浸润心田。仁和路校区的“三味书屋”“荷塘月色”“书香益智园”随处可见，还有校园文化长廊，五彩缤纷的班级图书角，孩子只要一走进校园，想看书，伸手可得。园静、书香、景美，最佳的阅读环境里，学生手捧书本，沉醉静读，成为校园最美丽的风景。

三、教师以身作则，共创优质阅读团队

学校成立阅读工作领导小组，组建阅读团队。我任阅读工作组组长，吸收一批素质高，业务强，甘于奉献，乐于阅读的教师为阅读团队队员。各年级阅读组组长，组建了自己的特色阅读团队。智慧阅读团队成员负责选定年级阅读书目，制定阅读计划（阅读方案）、阅读考核细则，指导校内阅读课，开展阅读教学培训，阅读教师培训。经过两年的努力，阅读团队队员由最初的6人发展到近60人，而且还在不断扩大。我阅读我光荣，我努力我幸福，我入队我自愿，我工作我无求，人人争做学生阅读点灯人，让书籍开启智慧，让智慧点亮人生，已成为阅读团队队员的共识和目标。

四、整合已有资源，打开特色阅读之门

仁和路校区藏书阁藏书4.5万册，而且每一种书都有60本，满足全班学生共读一本书的需求。我校利用学校现有图书资源，结合亳州市国学经典读本，发掘优势条件，将二者整合，引导学生把整本书阅读和经典诵读相统一，形成自己的阅读特色。具体做法是：每学期开学前，各年级阅读团队确定必读书目四本，每月读一本。读书过程中，教师上好四节课，即导读激趣课、问题推进课、阅读分享课、读书拓展课。随着阅读的深入，学生会遇到不同的困难，产生不同的疑惑。教师在学生提问的基础上，让学生自己先运用课堂学习的知识和方法去寻找答案，然后教师及时指导学生互相交流阅读心得，让学生在课内体验到课外阅读为自己带来的鼓励和肯定，从而提高继续阅读的兴趣。共同精读完整本书以后，教师组织学生开展读书汇报会，教师依次检测学生的阅读效果，学生依次介绍优秀的阅读方法，学生每学期每一天都畅游书海，浸润书香，阅读经典，放飞梦想。

蒙城三小仁和路校区除了引导学生整本书阅读外，还把经典诵读引进阅读工程，让经典伴随孩子成长。每天早晨七点钟，仁和路校区校园内的书香广场上，总是聚集着一群孩子，他们跟着书香大屏诵读。经过两年的坚持，孩子们已经诵读了《千字文》《声律启蒙》《弟子规》《少年中国说》《诫子书》《赤壁怀古》等古今名篇。每天清晨，蒙城三小仁和路校区各班级都会在老师的带领下，诵读联盟校编写的校园读本，一年级诵读《弟子规》《三字经》；二年级诵读《声律启蒙》；三年级诵读《千字文》《唐诗宋词》；四年级诵读《大学》《中庸》片段；五年级诵读《道德经》《增广贤文》片段；六年级诵读《论语》。联盟校在寒、暑假里还开展专题阅读，亲子阅读活动。学校分别在放假前制订阅读计划，选定阅读书目。家校联手，家长每天都反馈学生在家的读书情况，学校每天进行总结评比，开学后进行表彰。在知识爆炸的电子网络时代，孩子们能从经典中修得非淡泊无以明志，非宁静无以致远的境界，修得为人正，为政勤，为官廉，为民清的情怀。从这点来说，经典阅读伴随孩子终身成长。

五、重构语文课堂，纳阅读于课程之中

春暖花开正读书，最是书香能致远。蒙城三小仁和路校区为推动全校阅读工作，提出重构语文课堂教学，将阅读课作为校本课程，纳入课表之中。每班每周都要上好阅读课；每月都按阅读进度上好导读激趣课，问题推进课、读书分享课、读书拓展课。成立阅读社团，定期召开悦享阅读推进会、智慧校园阅读专题会、教师和学生座谈会。成立阅读工作调研组，每学期都要到各校区进行阅读工作大调研。在调研中，学校检查阅读材料，听取阅读工作汇报，深入课堂听取阅读课教学。举行阅读课教学大赛，在学生和教师中开展各种读书活动。学期结束，评选阅读先进工作者进行表彰。启动阅读工程以来，共表彰阅读工作先进者50多人。重构语文课堂教学结构，改变教学评价体系，树典型，立标兵，极大地鼓舞了教师，提振了教师的信心。

六、加大资金投入，提升教师专业水平

将先进的智慧教学设施引进阅读工程建设中来，给阅读工作插上智慧的翅膀。两年来，学校为购置图书投入十几万元。仁和路校区购置校园阅读评价系统，将学生的课外阅读引到课内进行评价。阅读平台引进校园，使学生的阅读得到及时的评价，这些信息技术的使用，给学生的阅读赋予了挑战性，学生在一次次阅读闯关中不自觉地从内心深处真正体悟到阅读的趣味性。学校近两年不断把阅读名师请进学校，给教师们做阅读专题报告。同时学校克服资金困难，可以说，只要听到全国各地有阅读课教学，学校总是派教师前往，两年来先后外出学习阅读的教师有百人以上。2017年12月，蒙城三小仁和路校区成为安徽省首批智慧学校，学校将智慧校园建设与书香校园建设相融合，校园打卡阅读极大地激发了学生的阅读兴趣，校园掀起了智慧阅读与智慧评价的热潮。

七、教学教研结合，且教且研，推陈出新

高考制度的改革，把阅读提到了前所未有的高度。学校立足现实，采用走出去学，请进来教的方式，一边不辞劳苦，不畏路远向名师学习，一边立足校本研修，加大教研力度。每周教研必有阅读常态课，阅读示范课展示。同时，学校鼓励教师通过自学、网络学习，通过骨干教师、种子教师上示范课，培训阅读课的教法，使教师们在互相学习、互相听课、互相切磋和自我反思中提高教学水平。

八、强推师生共读，倡导亲子阅读，家校联手，铸就阅读意志

学校把每月语文教师和学生共读一本书作为必修，还把教师们每月读一本书作为制度写进学校工作计划中，蒙城三小仁和路校区的每位教师每学期至少要读一至两本教育专著或文学类书籍。古人一部《论语》治天下，学生诵读经典伴成长，学校的教师在集体教研活动的时候共读《论语》育英才。每次教研教师共读《论语》20分钟。每周教研，安排教师进行读书分享。每学期集中备课期间，学校都安排数名教师进行读书分享。校长带头读书，带领教师分享。校长读书，带动中层班子读书，校长读书分享，带动中层班子进行读书分享。教师在校长带领下自觉读书，教师的读也带动了学生的读，学生的读带动了家长的读，家长的热情和积极参与，为学生的读书提供了保障。蒙城三小仁和路校区成立家长委员会，定期召开家长会，要求家长每天陪孩子读书不少于20分钟，请“故事妈妈”进课堂。陪读是最深情的陪伴，蒙城三小仁和路校区“人人爱读书，个个读好书”的氛围基本形成。

九、好戏连篇书香节，活动促进展风采

叶圣陶先生说：“教育是什么！往简单方面说，只需一句话，就是要养成良好的习惯。”学校开展阅读的意义就是让学生爱阅读，爱创作，让阅读成为一种习惯，怎样才能成为一种习惯呢？为此，学校每年开展书香节系列活动，关于阅读的有：书香大舞台（班班一台戏）展演，书香之星，书香班

级，书香家庭，“共读·共写·共生存”征文评比，校长特别奖评选，“点燃童年梦想·书香溢满校园”亲子诵读比赛，“阅读因我而精彩”“我是阅读点灯人”“我是小诗人”“我手写我心”等征文比赛，讲故事比赛，等等。每次亲子诵读比赛，学校都会在比赛现场展示亲子阅读的内容，让家长转变教育观念，明白参与阅读的重要性。孩子们的角色首先是读者，接着是思者和悟者的结合，最高境界是作者。读者小得，思者大得，悟者了不得，作者不得了。因此，语文课程应致力于学生语文素养的形成和发展，写作能力是语文素养的综合体现。学校大力开展阅读，在引导学生会吟会诵的基础上，让学生尝试“读书破万卷，下笔如有神”的读写关系。

十、回望成绩激励人心，展望未来充满信心

蒙城三小仁和路校区作为皖新传媒百所理事会学校之一，学校在阅读之路上的探索得到皖新传媒和社会各界的支持和鼎力相助。《安徽青年报》为仁和路校区开辟专版，介绍阅读工作。我校在市县级各种论文评选中有100多人次获奖。2018年我校因地制宜，创造性地把国学经典与大课间进行结合，开发出千人千字文操、少年中国说武术操，使得我校阳光大课间极具整体性、锻炼性、思想性和观赏性，获得亳州市大课间活动一等奖。2018年底，我校融阅读和智慧学校建设于一体的信息技术应用案例《为校园插上智慧型翅膀 让学生接受信息化教育》获安徽省一等奖，并顺利入围教育部典型案例的评选。由于阅读的工作开展扎实，富有成效，周边县市几十所学校纷纷前来观摩学习。目前，我校已经与铜陵田家炳小学开展深度合作，共同探讨书香阅读工作。寒假备课期间，我校邀请铜陵田家炳小学的朱建华校长进行书香校园建设的指导，并作了专题讲座，促进了一批教师以更饱满的精神投入阅读工作之中。

师生共读结经典，书香氤氲满校园，每本书都是独特的风景，每一个读书人都是世间最美的样子。春风繁枝已绽芽，芬芳少年花千树，前途漫漫，相信在阅读的引导下，蒙城三小仁和路校区人一定会不忘初心，砥砺前行，做最美读书人，让阅读成为校园最美的风景。

让教学插上智慧的翅膀
——以信息化支撑教学模式的创新和应用探索

李　强　代汉付

一、夯实智慧学校建设的两个支撑

2018年4月，安徽省教育厅发布《安徽省中小学智慧学校建设指导意见》，明确要求智慧学校建设要以“智慧教学、智慧学习、智慧管理、智慧生活、智慧文化”为突破口，以基础环境建设和人才队伍为支撑，构架“5项基本业务+2项支撑条件”的智慧学校结构，形成智慧学校生态体系，如下图所示：

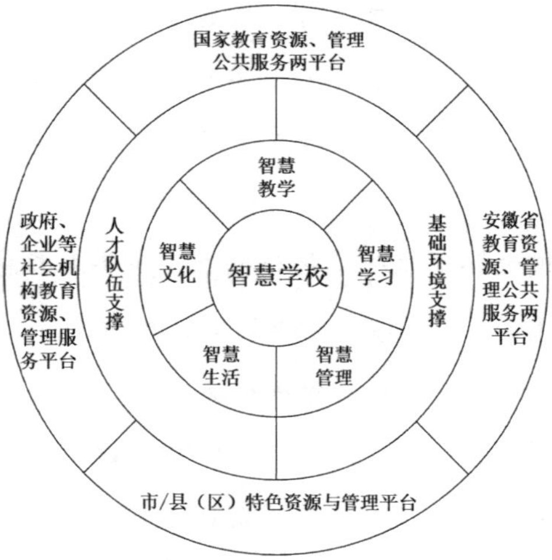

（一）基础环境支撑

我校是安徽省首批中小学智慧学校示范学校。学校自建校以来，非常注重智慧学校建设工作，先后安装了校园集控录播系统、校园广播系统、图书数字借阅系统、3D教室、校园电视台、智慧教室、智慧班牌等信息化基础设施。除充分利用国家提供的资源和管理平台外，学校还积极引入企业、科研单位等社会机构提供的优质资源与应用服务，完善信息化硬件基础环境，提升师生信息化素养。目前学校信息化教学设施基本齐全，班均宽带达到

100兆以上，能够实现班级常态录播、实物视频展示等功能，已经初步满足建设智慧学校示范校的要求。

（二）人才队伍支撑

学校成立了智慧学校建设管理团队，定期开展以班子成员、全体教师和学科组、年级组为单元的信息技术应用培训，侧重培训的针对性和可操作性，引导教师们学以致用，学习之后愿意用。制定智慧学校建设奖励机制，定期举行信息技术应用方面的优课、微课比赛等活动，同时对在智慧学校建设过程中取得出色成绩的教师给予绩效奖励，激励师生喜欢智慧教育。

二、做实智慧学校建设的五项业务

对智慧学校建设而言，建是基础、管是责任、用是关键。基于此，学校尝试把促进学生德、智、体、美、劳等综合素养全面发展融入智慧学校建设中。坚持特色教育与智慧教育相结合，不断优化教育教学模式，让学校精细管理更加科学高效，让教师工作环境充满诗意，确保学生健康成长。

（一）智慧管理

智慧校园建设不仅要求软硬件符合要求，还要求智慧管理，必须要在智慧环境中培养出“智慧人”。学校根据现有设施制定了《智慧学校管理实施细则》，帮助全体教师更新观念，积极把现代化教学设施用于学校教研教学和班级日常管理中，把常规管理融入智慧学校建设中。

学校通过微信公众号和智慧班牌，实现了教师和学生的考勤打卡；结合《亳州市教育局在全市中小学校实施精细化管理的意见（试行）》，对班子成员、全体教师进行详细分工，把智慧学校建设充分融入学校日常管理工作各环节，充分体现“人人有事管，事事有人管，处处有管理”的管理理念。

（二）智慧教学

1.智慧备课

学校利用备课平台系统，提供电子课本、微课资源、课程同步资源、专题性素材、教案协同编写工具等，实现教师备课过程中的资源自动推送，辅助教师开展网络协同备课。在这种备课方式中，教师不用再写纸质教案，大大节省了备课时间，同时让不同校区的教师跨越时空界限，促进了教师在业务上的交流沟通，提高了工作效率。

2. 智慧上课和学业评价

通过智慧课堂移动教学终端和移动学习终端，实现了师生互动和生生互动。如今，在学校四年级智慧教室中，教师轻点电子白板即可实施课堂教学，随着娴熟的操作，教学信息实时传送到每位学生的平板电脑上，学生们争先恐后进行抢答，课堂气氛活跃有序……最引人关注的是，每次提问和作业完成后，系统可以准确掌握学情，同时利用柱形图、饼状图等进行分析，便于教师制定下一节课的教学任务和教学计划。

在没有平板电脑的班级，教师则通过一种“手机授课助手”的软件，对手机里的教学内容进行无线投屏，同样可以实现移动电子板书、课堂互动、拍照讲解、移动实物展台、微课录制等教学应用。

同时，教师们还利用“班级优化大师”的评价软件，对学生的上课行为等进行评价，学生上课期间举手发言次数、回答问题的正确率、对知识的预习掌握情况等数据一目了然。借助该系统，家长也可以通过手机客户端及时了解孩子的课堂表现以及作业情况，还可以通过图片、视频等方式把孩子在家中完成作业的情况传进这个平台，反馈给教师。这种翻转式的互动方式，大大提高了学生学习的积极性，也促进了家长和教师之间的交流。

3. 线上教研

教师在上课前，把自己的教学设计和课件传进平台，听课教师通过生成的二维码对教师的上课进行量化评价，并通过留言给出自己的评课意见。执教教师和学校则可以通过其他教师的评价对执教者的上课行为进行数据分析。与以往的教研模式相比，每个人都有发表意见的机会，执教者也可以集中所有人的评价意见改进自己的教学，提升个人施教水平。

4. 大数据教学分析与反馈

学校依托智慧课堂、学业评价、线上教研等系统，对学生课前、课中、课后等全场景的课前预习、微课学习、课堂互动等反馈的动态数据，通过大数据指南的分析与挖掘技术，能够帮助教师准确掌握班级学情，从而有针对性地安排教学内容和教学方法，提高教学教研效率。这种大数据分析的结果，可以在联盟内实现资源共享，帮助联盟内所有教师共同提高效率。

5. 综合素质评价

学校利用安徽省基础教育资源管理平台，在日常教育教学活动中，有效指导学生和家长及时记录、收集、整理有关材料，并及时把学生的综合素质评价数据上传至平台，对学生的全面发展进行客观、准确的评价。这样，学生在体育、文学、艺术等方面的点滴进步都被真实地记录下来，成为孩子成长生涯的一段见证。

6. 跨学科教学

学校利用3D教室、科学探究室等对学生进行跨学科教育，旨在培养学生自主、合作、探究、创新的意识，提高学习能力。3D教学体验让学生在三维空间里感受到种子生长的过程，培养对科学的浓厚兴趣。在科学探究室和创客教室学习，则可以让学生亲身投入科学研究实践中，培养创造能力。

（三）智慧学习

在信息技术的支持下，通过变革教学方式方法，“智慧教育”将技术融入课堂教学中，构建个性化、智能化、数字化的课堂学习环境，从而有效促进智慧能力培养。

翻转课堂的研究，体现了“以教定学”向“以学定教”的演变；电子白板的运用，让教师不用粉笔就可以轻松板书；班级实物展示平台和手机投屏技术，让大家第一时间看到他人的成果展示；班级优化大师又能让家长第一时间了解到孩子们的学业评价信息。这些智慧化的教学手段，无不体现出信息技术时代给课堂带来的翻天覆地的变化。

“智慧课堂”的推广应用，让课堂面貌发生了翻天覆地的变化，教学的信息量增大了，教学手段丰富了，课堂效率提升了，师生的内生动力得到了激发，学生更加热爱学习，教师职业幸福感上升，教师乐教，学生乐学的可喜局面已形成。

（四）智慧生活

透过学校电子屏幕，可以看到孩子们有序进班学习的画面、集体诵读国学经典的画面、在开放式书吧里阅读书籍的画面、升国旗时庄严肃穆的画面；也可以看到大课间时孩子们步调一致，融观赏性与锻炼性于一体的气势恢宏的跑操画面；可以看到孩子们有序排队取水、文明就餐的画面；还可以看到孩子们轻轻捡起地上纸屑、自觉保持环境卫生的画面。这些都是学校一日常规的养成教育结出的硕果，也是孩子们综合素养提升的表现。

利用省基础教育资源平台和安全教育平台，学校面向全体学生和家长开展法治教育、公共安全教育、毒品预防教育等专题教育。班主任教师会在班里播放专题视频，孩子们回家后还可以利用平台和家长们一起观看教学视频，并在网上进行评论互动。

（五）智慧文化

“蒙以养正、书香致远”是学校的办学理念。“蒙”是启发、开启的意思，同时又是蒙城地名的第一个汉字。这个理念的意思就是要在启蒙时期对学生进行正确的教育，用浓郁的校园书香文化对学生进行爱父母、爱家乡、爱祖国的情感熏陶。借助智慧化的手段开展“悦享阅读”工程是实现这一理念、打造书香校园、丰富校园文化内涵的一个有益尝试。

“悦享阅读”工程是学校于2017年实施的一项育人新举措，该工程不仅与学校办学理念相呼应，而且契合了部编教材背景下的阅读教育教学主题和国家的全民阅读倡议。每天清晨到校的学生都自觉在大电子屏下，跟着音律诵读《千字文》《音律启蒙》等国学经典作品。大课间时，全体师生齐聚操场，诵读《千字文》和《少年中国说》。孩子们铿锵有力的诵读声在这片古老而又充满现代气息的大地上回荡，中华悠久的历史文化在这里得到薪火传承。

为引导学生热爱读书，教师们精心制作了导读激趣课和读书推进课的相关PPT，在课堂上进一步激发学生的阅读兴趣。教师们还通过“一起阅读平台”发布阅读任务，随时检测同学们的阅读进程和阅读效果。

学校定期举行与阅读有关的朗诵、演讲比赛等活动，通过电视台和校园直播网站面向全体同学播放，学生们在教室内就可以给本班同学加油助威。

三、智慧学校建设的成效与展望

智慧学校建设极大地优化了教育教学的模式，提升了教学效率，促进了学生全面发展。

学校先后有41位教师获得县级“一师一优课、一课一名师”奖项，36位教师获得市级不同奖项，12人获得省、市级骨干教师和学科带头人称号，8个科研课题同时获得市级立项（其中2个涉及信息技术方面）。2017年有两个市级科研课题结题（其中1个涉及信息技术）。

我们将继续凝心聚力谋发展，擦亮智慧学校这块金字招牌，持续推进高效课堂建设，使得教育信息化2.0行动在我校落地生根。

用心描绘校园最美的风景

郑德玉

“今天，你读书了吗?”

这是蒙城三小仁和路校区校园中每天萦绕在全校师生耳边的一句话，伴随这句话的是清朗的笑声、亲切的笑脸。她就是三小教师心目中亲切的“单大姐”——单祎。溪云初升秋已至，书香氤氲景最美。自我校开展“悦享阅读”以来，“单大姐”带领三小师生在书海中启航、逐梦，行于途，闻过芳草花香；歌于道，采撷精彩华章，凝心聚力做阅读，用心描绘书香校园最美的风景。

一、靠理想信念启读书之门

阅读是提高学生语文核心素养的重要途径，既为学生今天的学习奠基，又为学生明天的发展添彩。为更好地形成阅读工作合力，迅速推动学校阅读工程顺利开展，单祎积极组建教师阅读团队，吸纳素质高、业务强、甘奉献、乐阅读的教师加入。她带领阅读团队成员精心制定各年级阅读计划（阅读方案）、阅读考核细则，选定年级阅读书目，开展校内阅读教学教研。为提高教师阅读教学水平，她一边不辞劳苦，把阅读名师请进学校，给教师们做阅读专题报告，一边组织教师外出学习，三年来先后组织外出学习的教师达百人次。此外，单祎还立足于校本教研，加大智慧阅读教研力度。各年级阅读团队确定必读书目，至少每月读一本。读书过程中，教师首先带领学生上好阅读激趣课，激发学生对读书的兴趣。随着阅读的深入，学生会产生不同的疑惑。教师在学生疑惑的基础上，让学生自己先运用课堂学习的知识和方法去寻找答案；随后教师及时指导学生互相交流阅读心得，让学生在课内体验到课外阅读为自己带来的鼓励和肯定，从而提高继续阅读的兴趣；共同精读完整本书以后，教师组织学生开展读书汇报会，教师依此检测学生的阅读成果，学生依此介绍优秀的阅读方法。

经过“单大姐”两年的不懈努力，“我阅读、我光荣，我努力、我幸福、我工作、我无求，争做学生阅读开门人，让书籍开启智慧，让智慧点亮人生”已成为阅读团队队员的共识与追求。一支充满朝气，有活力、有追求、有情怀的阅读教师队伍，在教书育人的讲台上，沐浴书香，传播希望，为孩子成长开门启智。

二、用道德情操绘书香之景

“蓬生麻中，不扶自直。”学习环境对学生的影响不言而喻。为营造书墨飘香的校园环境，单祎带领阅读团队精心设计，因地制宜，在校园各处开设各种开放式阅读书吧：“三味书屋”“荷塘月色”“书香益智园”……各班图书角布置精心。师生走进校园，浸润在书香之中，墨香飘满校园，书香滋润心田，校园静，书墨香，风景美，润物细无声，潜心书醉美。最佳的阅读环境里，学生手捧书本，沉醉静读，成为校园最美丽的风景。

“今天，你读书了吗?”“单大姐”这句问话成为校园里的一句经典。她常说：“看似平常事，坚持做下去就是神话。”她不仅是这样说的，更是以身作则，你看：每天早晨七点钟，仁和路校区校园内的书香广场上，总能看到单祎的身影，带领着早到的孩子，跟着书香大屏诵读国学经典。经过三年的坚持，孩子们已经诵读了很多古今名篇：《弟子规》《三字经》《声律启蒙》《千字文》《唐诗宋词》《大学》《中庸》《道德经》《增广贤文》《论语》等。

寒、暑假里，单祎组织阅读团队开展专题阅读、亲子阅读活动。放假前制定阅读计划，选定阅读书目。假期里，教师们督促学生每天坚持打卡阅读，并通过微信对孩子们的阅读笔记进行点评。她每天在教师微信群里对阅读的班级进行统计、督促、鼓励。在阅读团队的努力下，假期阅读得到家长的肯定与支持，赢得不同方面的鼓励与赞扬。

三、尽仁爱之心缔书韵之境

单祎常说，学校开展阅读的意义就是让学生爱阅读、爱学习成为一种习惯。怎样才能让阅读成为一种习惯呢？为此，她组织开展读书系列活动，每次读书活动，她总会准时出现在现场，为活动出谋献策，为师生点赞，与师生一起走入书本，品文悟情，享受书香墨迹之妙。

慎思之，笃行之。正是单祎坚持不懈推动阅读工程，像雨随风入夜，润物无声，在不知不觉中给学校带来很多变化，也取得了不俗成绩：《安徽青年报》为仁和路校区开辟专版，介绍阅读工作；在市县级，各种论文评选中有100多人次获奖。同时，她还创造性地把国学经典与大课间进行结合，开发出千人千字文操、少年中国说武术操，使得学校阳光大课间极具整体性、锻炼性、思想性和观赏性，获得亳州市大课间评比活动一等奖。

四、筑扎实学识圆阅读之梦

“今天，你读书了吗?”成为教师之间最常听到的一句问候语。教师的读书习惯会影响学生，把每一个学生都领进书的世界，培养学生对阅读的热爱，使书籍成为生活中的指路明灯。单祎曾动情地说：“作为教师，首先必须是一个读书人。尤其是处在这样一个学习化的时代，要有‘板凳要坐十年冷’的精神，使自己的眼光超出眼前利益驱使，不断完善自己，提升人生品位，为学生的终身学习与精神成长‘打底’。”正如“单大姐”所言，读书既不能以博览自诩，也不应浮皮潦草，要读得精且好，相信只要持之以恒，必有收获。

“你看的什么书?”“你读到哪了?”“书真精彩!”当漫步课间，听着孩子们的对话，会让你心生惬意，所有的努力都是幸福的，正如“单大姐”所言，阅读让学生的理想插上翱翔的翅膀。为进一步激发学生的阅读兴趣，营造积极向上的读书氛围，丰富孩子的校园生活，“单大姐”精心组织开展了很多阅读活动：好书推荐会、读书分享会、讲故事比赛、话剧表演、手抄报展示等。这些活动以书本为媒介拓宽了学生的视野，培养了学生的语文核心素养，提高了孩子们的综合素质。以国旗下讲话、黑板报、宣传栏、读书活动等为载体的读书网已经全面铺开，以读书促进学生发展，以读书促进家校和谐理念已经得到师生、家长、社会的认同。

春风繁枝绽新芽，芬芳少年满千树。无论是同事心目中的“单大姐”，还是学生心目中的单老师，她一直都是热情的、执着的、可敬的、爽朗的。师生共读皆经典，单祎及她带领的阅读团队是用心做阅读路上的追梦者，阅读已经成为三小联盟一道亮丽的风景。

做新时代幸福的读书人

张子辉

我出生于20世纪70年代的艽河之畔，那时的农村学生的生活是单调的，每到农闲时，乡下的琴书、大鼓书，成了大人们最大的享受，也是我最早的启蒙教育。记得在一出《陈园打擂》里主人公陈园为躲避敌人追杀，改名为儿东园，激起了我的好奇心，为何陈园就是儿东园？这一问题困扰了我多年。跟着大人用收音机听刘兰芳、单田芳的评书，就是莫大的享受了。时至今日，还能清楚地记得《岳飞传》《杨家将》《三侠五义》等故事中那一个个英雄好汉，他们深深地印刻在我的脑海中。

等到了读书的年龄，迈进了村里的小学，当时的农村学校条件是非常简陋的，“泥房子，泥桌子，泥凳子，还有一群泥孩子”是最真实的写照。条件的艰苦并不能阻挡我对知识的渴望，那发着油墨香的书本，成了我的读物，小心地让爸爸包上书皮，一有空就翻看，心里的欢喜溢于言表。受制于当时的条件，看书、买书几近奢望，二年级下学期，当邻居家孩子的父亲带回《高山下的花环》时，我可羡慕了，眼巴巴地看着，跟在后面时不时蹭着看几句。现在回想起来，我当时才二年级，并没有看懂什么，也不可能看懂什么，但是我记住了几个名字：梁三喜、赵蒙生、靳开来……当时不认识“靳”，把这个字还读成了“斩”。那是我第一次接触了长篇小说，第一次看那么厚的书，心中的喜悦与满足无法用言语表达。到五年级的时候，村上唯一的高中生送给我两本书：一本是谭元亨写的《我的神女》，一本是高尔基的《童年》。这两本书，伴我度过了少年时光，一直被我珍藏着。每次看到这两本泛黄的书，我就想起了少年时代那段渴望读书的时光。

时光荏苒，当我迈进中学的大门时，突然间觉得，世界为我打开了一扇窗，学校里面还有图书室，除了各种各样的图书资料，还有《中学时代》《初中生必读》这些学校当作学习宝典的杂志。一有空闲，就来到图书室，如饥似渴地读着，我看了魏巍写的《地球的红飘带》，全面了解了红军长征的过程，为红军战士大无畏的革命精神所感动，为红军战士革命乐观主义精神所折服。随着年岁的增长，阅历的增加，想看的书越来越多，也不再满足于课本、学习资料，不再满足于学校小小的图书室。慢慢地看书，成了我的一种习惯，一种爱好。

参加工作之后，我用第一个月的工资，一口气买了《路遥文集》《巴黎圣母院》《飘》等书，第一次因为有书看而彻夜不眠。一边读书，一边做读书笔记，厚厚的笔记本记录了我那段特别的岁月。有一段时间，我对读书产生迷茫。一个学生对我说：“老师你的书真多，我也想当老师，会有更多的书看，当老师多好！”“当老师多好！”一语惊醒梦中人，是的，我是老师，传授的是知识，塑造的是灵魂。我更加热爱读书了，教学课堂上我想方设法向孩子传递书中的奇妙，让孩子们与我一起享受读书的乐趣。某次班上的孩子们背诵诗人余光中《乡愁》后，校长对我说："这才是真正的读书的样子。""这才是真正读书的样子"，这句话成为了我工作上的一个要求，时刻提醒我，多读书，读好书，带孩子一起读书。

后来的"杂事"越来越多，慢慢地忙碌起来，但我对读书的热情却丝毫不减。在学校与学生读书，回家以后陪孩子一起读书，带着读书时的那份曾经的感动，那份曾经的追求，一家人在一起读书、聊书。从钱锺书的《围城》到三毛的《撒哈拉沙漠》，从《毛泽东诗词》《唐诗三百首》到同南怀瑾对话人生，同丰子恺神聊漫画。那书香氤氲的感觉，是最纯真的。陪孩子去看诗歌大赛，感悟唐风宋雨的浓烈；陪孩子读一读童话，去感受世上的真诚与善良。与家人一起，从书中找到纯净，找到自我，找到快乐。

"今天，你读书了吗?""你看到哪了?"乍听到如此对话，你也许会感到突兀，如果你在三小工作，孩子在三小读书，你就感觉正常了。腹有诗书气自华，读书是门槛最低的高贵。读书，也是一次自我灵魂的修复。蒙城三小仁和路校区，智慧阅读工作正大力推进，让我的角色也发生了改变。从我一个人读书，带着孩子一家人读书，变成带着一班孩子读书，再变成一班孩子带着他们家人共同读书，读书的人越来越多。为了营造书本飘香的校园环境，在校园各处，设立各种开放式读书吧：三味书屋、书香益智园、校园文化长廊、五彩缤纷的班级图书角等。让学生俯仰之间，看到的是书；举手投足之间，见到的是书。墨香飘满校园，书韵浸润心田，在阅读过程中，我首先与学生共同选择好阅读书目，带领学生上好阅读激趣课，激发学生阅读兴趣，开启阅读的第一步。随着阅读深入开展，学生总有不同的疑问产生，让学生自己去求解答案，相互交流心得，上好阅读分享课。根据学生的问题，再上好课外拓展课。一本书读完后，用汇报课来检测学生的阅读收获，学生分享各自的读书方法。开展家校共读书，亲子同阅读，让读书从学校开展到家庭中、社会上。结合智慧学校的实际，更多的学生运用手机App打卡阅读，在网上进行智慧阅读挑战，闯关答题。“你知道在哪里吗?”“你看懂了什么?”“这个问题你会吗?”孩子们在课下交流，让你听在耳边，幸福在心里。读书是一件平凡的小事，坚持到底就是神话，半途而废就是笑话，我想把读书的习惯带给每一个学生，把每一个学生都领进书籍的世界，培养孩子对读书的热爱，使书籍成为学生生活中的指明灯。

作为一名教师，首先是一个读书人，要有“板凳要坐十年冷”的精神，不断完善自己，为学生的终身学习和精神成长打好底色。智慧阅读、师生共读、家校共读，带动着你我，用星星之火，也许有一天可以把读书这把大火烧得更远、更广。做一名老师，能带领一班孩子快乐读书，快乐成长，何尝不是幸福？读书就是幸福的，在这个新时代生活也是幸福的，作为一名读书人更是幸福的。

信息技术在小学高年级整本书阅读教学中的应用研究

代汉付　陈晚晚

一、对课题组及智慧阅读教学团队的培训

1.加强信息技术运用能力的培训及整本书阅读教学理论的学习

本课题能否成功，与课题组成员和智慧阅读团队的教学素养有很大关系。

为提高他们的信息技术运用能力，学校多次组织信息技术运用能力专题培训，使课题组成员和智慧阅读团队能够在教学中娴熟地运用信息技术。

为提高课题组及智慧阅读团队成员的整本书阅读教学理论水平，使他们尽快把握整本书阅读教学的方法，从而更好地进行整本书阅读教学实践，进而顺利地开展课题研究，学校订阅了《小学语文》期刊，购买了《整本书阅读的六项核心技术》等多本理论书籍，多次组织课题组及智慧阅读团队成员，采用集中与自学的形式认真学习、交流。采用“请进来，走出去”的方式，对课题组及智慧阅读团队教师进行培训。如：名师阅读讲座、百校联

盟等。

2.管理与措施细化，提高研究效率

为了使课题的研究取得突破进展，保证课题的预期效果，学校制定课题的实施细则、规章制度、方案、行事历等，成立了以江长美校长为组长，郑德玉为副组长的课题组，以智慧阅读团队中骨干教师为主要成员。带动智慧阅读团队全体教师参加的课题组，对课题组成员进行了详细分工，强化了课题研究的管理，特别是课题研究及实施的过程管理。学校要求课题的开展有学期总结、活动总结、教研总结、问卷调查报告、阶段成果分析报告等，确保了课题正常有序进行。

二、课题研究的实施与运用信息技术进行整本书阅读教学和教研活动的开展

1.同心协作，发挥团队效能

整本书阅读教学方法的探讨是本课题探讨的出发点。课题实施以后，课题组带动我校智慧阅读团队一起进行课题研究。以“师带徒，点带面”的形式，运用信息技术平台，充分发挥“领头羊”作用，要求课题组和智慧阅读团队成员团结协作，发挥团队效能，带动全校整本书阅读教学教研。

2.扎实开展多种形式的整本书阅读教学教研活动

为更好地开展课题研究工作，探索运用信息技术进行小学高年级整本书阅读教学的方法与模式，我校教务处特地把整本书阅读纳入校本课程排进课程表，每周每班一节课。课题组配合教务处选定每个年级必读书目和选读书目，并制定整本书阅读教学教研计划、教研行事历，固定每周一下午的时间为整本书阅读教研时间。以整本书阅读教学的四种课型（导读激趣课、阅读推进课、交流分享课、拓展探讨课）开展研讨课、展示课、汇报课以及说课、阅读经验讲座等多种形式的整本书阅读教学教研活动，以“年级组内说课、研课、磨课，课题组和智慧阅读团队集体教研”的方式，打磨整本书阅读教学几种课型的精品课例。

在教研中授课教师要认真备课，有详细教案，并在授课前上传到智慧阅

读团队备课平台上。在备班级共读书目的同时还要备教法，备学生。根据班级共读书目和学生的阅读实际情况，结合信息技术平台，设计阅读课的形式，拟定阅读课的教学方法，课后还要依据其他教师的听课记录及教研反馈写好总结和反思。

3. 开展形式多样的阅读创作活动，反馈和促进整本书阅读教学

结合信息技术平台和整本书阅读教学，课题组和智慧阅读团队分年级分班开展了多种激励学生阅读的活动：阅读分享会（或线上）、好书推介会、作文比赛（或线上）、读书笔记评选（通过钉钉或微信公众号）、阅读手抄报评选、“我阅读我快乐”读后感评选及演讲比赛等，均取得良好的效果。

丰富多彩的整本书阅读展示、交流、创作活动，既为学生提供了展示交流的机会，又给教师反馈了整本书阅读教学与教研的效果，更促进课题组及智慧阅读团队对整本书阅读教学的过程、方法及教学策略等进行反思，从而提高课题研究水平。

三、课题研究阶段性成果

1. 学校方面完善了校本课程的构建

在课题研究及整本书阅读教研的推动下，我校已把整本书阅读教学纳入校本课程，每周每班一节阅读课排进了课程表。

依据《义务教育语文课程标准（2022 年版）》附录的阅读推荐书目，结合部编版教材文本及阅读拓展推荐书目，本课题组及智慧阅读教学团队，选定每年级必读和推荐阅读书目作为整本书阅读教学的范本。

成立了智慧阅读教学团队，制定了教研行事历，定期开展整本书阅读教研活动，带动全校整本书阅读教学。在教学实践中，筛选了适合整本书阅读教学的信息技术平台：钉钉、班级优化大师和阅伴。

2. 教师方面提高了信息技术运用能力和整本书阅读的教学水平

课题实施以来，我校先后组织多次信息技术运用专题培训，并在全校开展了课件制作、视频剪辑等信息技术运用能力竞技，大大提高了我校教师的

信息技术运用能力。在全县“百名校长跟岗培训”会上，我校智慧阅读团队上了整本书阅读汇报课。

（1）课题研究意识增强，整本书阅读教学能力得到提高。

课题研究实施以来，课题组成员课题研究意识得到加强，研究水平有了明显提高，在整本书阅读教学实践中不断总结经验。近一年来，课题组和智慧阅读团队教师在各级各类比赛或教研活动中分获不同奖项。自课题开展以来，课题组和智慧阅读团队以整本书阅读教学为主阵地开展示范课、研讨课、交流课、汇报课、专题报告等多种活动，每次活动明确一个专题、突出一个重点、探讨一种教学方法。针对课题重点研究的问题：基于信息技术背景下小学高年级整本书阅读教学的实践探究，举行了多次专题教研活动。

（2）基本确定整本书阅读教学四种课型。

通过整本书阅读教学的理论学习和整本书阅读教学的实践，结合信息技术的运用，基本形成了整本书阅读教学的四种基本课型：导读激趣课、阅读推进课、分享交流课、拓展延伸课。导读激趣课是整本书阅读教学的起始课，这一课型的主要目的在于激发学生的整本书阅读兴趣，给学生以阅读导引、方法指导等。阅读推进课是学生在整本书阅读的进程中，再次激发学生的阅读欲望的课型，帮助学生梳理探究、激发学生表达交流的欲望和提升学生阅读鉴赏的水平，解决学生在阅读过程中提出的问题。交流分享这一课型不仅要学生展示阅读成果，还要在交流分享的基础上，实现学生阅读能力的进阶发展。成果既包括阅读过程中的感悟，又包括阅读策略使用上的经验积累。拓展延伸是基于学生对共读书目的交流分享的基础上，激发学生对分享书目的拓展阅读，作为阅读书目的补充，达到可持续阅读的目的。

这四种基本课型尚不成熟，还有待进一步在教学实践中探索、总结，形成一定的教学模式。

（3）及时总结，善于反思。

在整本书阅读教学的过程中，课题组及智慧阅读团队对每一节阅读课、每一次阅读教研活动等都及时总结，认真反思。反思与建构等思维过程是教学思维能力的具体体现，有助于整本书阅读教学模式的形成。

近一年来，课题组成员及智慧阅读团队，撰写了大量的文字材料，其中包括教学论文、课堂实录、教学反思。其中教学反思不仅有公开课、探究课后的详细反思，也有平时上课后，简单的课后反思。现在，几乎每个课题组和智慧阅读成员都养成了写课后反思的良好教研习惯。其中有不少作品参与市县论文评比获得了优异的成绩。下一步，学校将总结经验，收集课题的研究成果。

3.学生方面形成了良好的阅读习惯，语文核心素养得到明显提升

课题实施以来，课题组和智慧阅读教学团队就借助我校智慧校园资源和信息技术平台在高年级段轰轰烈烈开展了同班共读一本书活动（班里的同学共读同一书目），利用信息技术平台（如钉钉、阅伴、班级优化大师等）每天进行打卡反馈，智慧阅读团队教师通过终端对学生的阅读反馈进行评价与鼓励。2020年春节适逢疫情，智慧阅读团队的教师为了更好激励学生进行整本书阅读，把学生打卡反馈读书笔记等做成精美的美篇，发送到家长群里，得到了广大家长的好评。经过近一年整本书阅读教学的坚持，学生已基本养成打卡阅读和写阅读笔记的习惯。学生的核心素养得到了显著提升，主要体现在学生的学习成绩的提高，阅读理解能力的提高，习作水平的提高，等等。

四、问题及下一步研究的对策

反思课题组和智慧阅读团队近一年来的研究，学校取得了较为喜人的成果，同时也发现研究中还存在着一些问题，主要表现在：

如何提高整本书阅读教学的四种课型的有效性、趣味性，一直是课题组致力探讨的问题。课题组和智慧阅读团队将继续加强整本书阅读教学教研，提升教师利用信息技术进行整本书阅读教学的能力。从书目选择、教学设计、课件制作、信息技术的运用、教学过程到教学反思都反复推敲，贴近学生生活，符合小学高年级学生心理发展特点。教师们在智慧阅读教学团队中

试讲后，再走进课堂。针对课堂出现的问题再次研讨，进一步探索，打磨出小学高年级学生必读书目的精品课，学生喜欢的示范课。

如何借助信息技术平台有效地对整本书阅读教学效果进行反馈和对学生的整本书阅读进行有效评价，也是课题组致力探讨的一个问题。学校将充分利用信息技术平台上的整本书阅读阶段性闯关题及阅读评价激发学生的阅读兴趣，保持学生的阅读期待，提高阅读效果。充分利用我校“智慧校园”基础设施，如校园电视台，进行整本书教学活动，开展更多的阅读创作活动来激起学生的阅读兴趣，反馈学生的阅读成果，如设置学生读书分享栏目、好书栏目等营造更为浓郁的书香氛围。

进一步加强整本书阅读教研，在总结经验的基础上，形成一定的教学模式，并撰写论文，以论文的形式呈现课题成果。

在今后课题的研究工作中，学校将继续加强课题的管理，对课题做更细致、更深入的研究，在顺利完成研究工作的同时，确保课题研究成果的可操作性。

且让春风沐少年

——浅谈疫情期小学高年级线上整本书阅读经验

张　燕

《义务教育语文课程标准（2022年版）》指出：“倡导少做题、多读书、好读书、读好书、读整本书。”可见，整本书阅读对提高学生语文素养至关重要。从“教育信息化”这一概念提出至今，其经历了初步探索阶段和逐步深入阶段，信息技术与课程整合仍是当前实施教育信息化的一个热点问题。目前，对教师信息技术掌握程度的要求也越来越高，信息技术已逐渐成为重要的教学工具。尤其在这个特殊的时期，虽然疫情困住了学校的双脚，但信息技术却为学校的阅读插上了飞翔的翅膀，让学生在书本的世界里云端漫步。

学生良好阅读习惯的形成，阅读能力的提高，整本书阅读思维的建立，关键期就在小学高年级。线上整本书阅读是指利用网络资源及网络平台，进行线上导读、推进、分享及评价，推进学生阅读工作，打破阅读在时间和地域上的限制，解决疫情期间学生阅读的困难，形成良好的阅读氛围。

一、整书推进，书香萦绕

1.改变

推进线上整本书阅读首先要教师及家长转变观念，教师不能放任自流，家长不能听之任之，教师和家长共同的重视才能换来孩子的重视。读整本书，有别于读期刊，需要花更多的精力和时间，更需要有一种内在的动力支撑着阅读。尤其在疫情期间，教师和学生见不到面，很多工作并不像在学校里开展起来那么便捷，对于学生的约束力也有所下降。正因如此，教师更要端正自己对学生整本书阅读的态度，认真对待，制定详细且行之有效的实施方案，鼓励、督促学生阅读。学校在寒假开始之初就确定了假期班级的共读书目是《爱的教育》，同时在班级优化大师中建立了“每日阅读”打卡任务，学生每日的阅读时间不少于半小时，家长上传学生的阅读照片和读书笔记照片，提倡亲子共读，分享感受。

作为教师只有自己热爱读书，熟知书中内容，才能引导学生热爱读书。学校开展阅读工作以来，我深感自身读书之匮乏，作为一名小学教师，要想做好整本书阅读工作应深入地阅读大量的儿童文学作品。小学高年级学生的独立意识大大增强，自我意识发展迅速，学习方面也逐渐有自己的见解和方法。因此，这一阶段我认为身教更胜于言传，教师以自己的实际行动和人格魅力感染学生，无形之中就会形成一种班级向心力和榜样作用。与学生共读一本书，做批注、写阅读感受，以一个读者的身份与学生进行交流讨论，聆听学生的想法，表达自己的见解，产生思想火花的碰撞，促进学生的深入阅读。

2.引导

古人云：“开卷有益。”但如果教师在学生阅读时不加干预和引导，只怕开卷不一定有益。推进小学高年级学生整本书阅读，选书是第一步，也是关键一步。对于书目的选择，学校要充分利用、挖掘教材资源，向学生推荐与课文内容相关的课外书，做到课内阅读和课外阅读相结合，加深学生对课文的理解，开阔学生的视野，扩大学生的阅读面。同时，阅读本身也是一趟旅程，读者在文字的世界中与作者、与书中的人物进行心灵的交流，感受那笔尖流淌出的情思。要想让阅读真正深入孩子心中，需要尊重孩子的年龄、心理特点、兴趣等，让他们在自发、快乐的阅读体验中爱上阅读。因此，在学习六年级下册第二单元的内容时，我向学生们推荐了《汤姆·索亚历险记》《鲁滨逊漂流记》《骑鹅旅行记》《爱丽丝漫游奇境》四本书。但是选择哪本作为班级的共读书目，我想不是我可以独自决定的。学校就这个问题在班级钉钉群发起了一次投票活动，最终《鲁滨逊漂流记》以最高票当选班级本月共读书目。

对于学习能力较强、读书速度较快的同学，要及时补充、更新书单。在了解这部分学生阅读爱好的基础上，向他们推荐积极向上的书籍。小学高年级学生的求知欲旺盛，接受新鲜事物的能力强，但缺乏一定辨别是非的能力，因此，推荐一些健康书籍（如优秀的儿童读物）显得尤为重要。借助这些优秀的书籍，学生在习得一些生活技能的同时，还能够开阔视野，陶冶性情，形成健康的人格。

推进线上整本书阅读，教师在引导的同时还要注意激趣。不仅要激发学生阅读的兴趣，更要使学生保持不断读下去的热情。小学生主动接触某项活动，并激发出创造性的关键因素就是兴趣。阅读也是如此，当激发出学生对某本书的兴趣之后，他便会迫不及待地去阅读。但并不是每一本书都能够激起每一位学生的兴趣，所以能否让学生喜欢读书、坚持读书的关键就在于：激发学生的阅读兴趣，保持学生强烈的阅读期待。疫情期间，网络平台、线上直播阅读课是激发学生阅读兴趣的基础手段之一。在此基础之上，还有丰富的网络资源可以利用，例如有关作者介绍的幽默小视频、方法指导的微课、书籍翻拍的电影等，都可以促进学生的阅读。另外，学校还可以改变传统的阅读方式，如由读书改为说书或听书。由教师示范读书籍的第一页，家长和学生依次接龙，这样既可以调动家长参与的积极性，又可以锻炼学生的朗读能力，其他学生也会沉浸到书本的世界中。不定期的线上阅读沙龙，随机选择几位家长和学生一起交流阅读的收获，教师、家长、学生一起聊书中的故事，分享阅读带来的变化。

3.展示

你有一个苹果，我有一个苹果，彼此交换，每个人只有一个苹果。你有一种思想，我有一种思想，彼此交换，每个人就有了两种思想。当学生读完某本书时，他们拥有的只是对某个话题的有限思考，通过交流，同学之间相互倾听、补充、提问甚至反驳，思想的火花才会飞扬。作为学校，需要给学生创造这样的空间，让学生享受进步、收获的喜悦，这无疑也是推进学生整本书阅读的一种途径。例如利用网络平台召开线上班级读书分享会，让学生谈谈自己的阅读感受，还可以让学生复述书中的精彩故事，或背诵喜欢的精彩语段。活动可以分时段举行一次，每次的发言人数可以根据实际确定。再如举办线上读书笔记或手抄报展评会，让同学们将自己的作品发在班级群里，请同学们认真观摩，利用钉钉投票的形式评选出最佳作品，请获奖同学录制微视频介绍自己的经验，等等。

4.评价

评价的目的是激励鞭策，线上整本书阅读由于缺乏师生之间、生生之间直接的、集体性的表扬与批评，学生容易产生惰性，因此更需要阶段性的评价来激发学生阅读的内驱力。很多网络平台，如班级优化大师、钉钉的阅读打卡活动都可以线上统计出学生的阅读数据，以阅读数据为基础构建多元化、立体化的阅读评价，让教师、家长和学生都参与评价。在学生自评方面，填写阅读存折是一个不错的方法。在阅读存折上记录阅读时间、阅读书目、阅读内容等，并以班级制定的阅读计划作为参考，按照计划完成的记一星，每次阅读都做好记录。同时，家长可根据孩子当天的阅读状态、读书笔记、阅读量等，以奖励红花的方式反映在其阅读存折的家长建议处。教师则根据学生自评、家长评价，结合平时学生阅读的线上反馈情况，以及对学生阅读情况的检查，定期评选出班级“书香之星”，还可以选出阅读氛围浓厚的家庭作为“书香家庭”。

二、诵读经典，丰厚底蕴

整书阅读是中国传统语文教育的成功经验，中国古代以“四书五经”为核心的读经教育是语文教育的主体，也是典型的整本书阅读。所以学校现在所提倡的整本书阅读应当不仅仅是时下主流的优秀文学作品，更应该包括优秀的传统文化读物。学校一直将国学经典的学习放在重要位置，除去亳州市统一的《国学经典》的学习，我校还编写了《国学经典》材料，将《千字文》《声律启蒙》《道德经》《论语》等列为学生必读书目。疫情期间，学校将学习国学经典的课程提到了线上，用中华优秀传统文化滋养学生的心灵，希望学生们也能够成为有能力、有责任、有担当的国之栋梁。

1.信息平台上传范本，诵读无障碍

提前将学生需要诵读的国学经典篇目的文字稿和范读音频发布到班级群。对有阅读困难或难理解的字词，标出字音或释义，保证学生在诵读时没有困难。

2.每日打卡，发送视频

在钉钉上建立“每日诵读”打卡任务，学生根据教师发送的文字稿和范读音频，进行反复诵读，会背后录制背诵视频完成打卡。

3.结合讲解，全面解读

学生每日诵读的内容，如果有难点及时进行线上讲解，同时向学生推送相关的网络学习资源；学生结合教师的线上讲解、推送的网络学习资源，了解作者及创作背景，理解古诗文内容，尝试进行经典诗文的赏析，在理解的基础上熟读成诵。

4.及时点评，共同进步

针对每天的诵读情况，班级学生轮流当小老师进行点评，指出问题，肯定进步。教师抽查，阶段点评。虽然不能面对面，但是在班级群里，同学们

的学习热情没有丝毫减弱，大家互相监督、互相学习、齐头并进。

5. 你追我赶，共诵经典

你方唱罢我登场，古诗背诵每日一首，当天发布；长篇背诵每周展示；整本书诵读每日推进。在这个阳春三月，孩子们通过网络，共品一段经典，氤氲一段墨香。

一本书，如同一段旅程，学校带着好奇、快乐出发，走近、再走近……最终抵达。这一路既是体验阅读快乐的过程，也是寻找答案的过程，更是学习阅读策略、提升阅读能力的过程。这一路，孩子们始终带着浓厚的兴趣、内心的渴望、合作的精神和探究的勇气，阅读之旅也因此变得有趣、美好。作为师者，唯愿——寸心拳拳育桃李，且让春风沐少年！

浅谈怎样上阅读激趣导入课

张子辉

随着时代快速发展，语文教改的深入推进，对语文教学提出了更高的要求。如何提高学生语文素养，是每一位语文教师面临的课题。《义务教育语文课程标准（2022年版）》明确指出：“义务教育语文课程实施从学生语文生活实际出发，创设丰富的学习情境，设计丰富有挑战的学习任务，激发学生的好奇心、想象力、求知欲，促进学生自主、合作、探究学习；引导学生注重积累、勤于思考、乐于实践、勇于探索、养成良好的学习习惯；关注个体差异和不同的学习需求，鼓励自主阅读、自由表达、倡导少做题、多读书、好读书、读好书、读整书、注重阅读引导、培养读书兴趣，提高读书品位。”由于语文课本的课文无法满足学生语文素养的需求，整本书阅读便如春笋般涌出，在悦享阅读中，导读激趣课、阅读推进课、阅读分享课，给孩子们带来乐于接受，乐于阅读的开门钥、推进剂、展示台。如何上好整本书阅读激趣导入课？我感觉应从以下几个方面入手：

一、明确主题　选好书目

学生课外读物琳琅满目，选择适应低、中、高年级的读物，尤为重要，即要选择文质兼美，具有典范性，富有文化内涵和时代气息，难易适度的作品。根据不同的学情，不同的学段认知需求，本着人文性、经典性、趣味性三者融为一体的要求进行选择，三者互融互通、不可偏废，要选精选优、选美选真。低年级学生识字量少，选择时要稍注重内容趣味性，如各类绘本，浅显诗歌、童话故事等；中年级孩子识字量已大增，且已学习过默读，可以选趣味性、人文性较浓的寓言故事、成语故事、人物故事等读物；高年级孩子阅读进一步扩展，认知领域更加广泛，获得信息渠道进一步畅通，选文笔优美内秀，内容积极向上，格调高雅的书目，如古代经典诗文、曹文轩系列小说、杨红樱系列小说等。也可以设计阅读主题，如低年级的童话主题、成长主题，中年级的亲情主题等，高年级的感悟生活、感受美好等不同形式的主题。只要是适合孩子阅读成长主题、方式的都可以，不必拘泥于形式，不必在意于表象。

二、巧设方案　引导激趣

当班级共读书目确定后，如何激发孩子阅读兴趣，而不是把阅读当作一项作业负担，这是阅读激趣课的难点。教师对所教授文本的全面掌握，是上好课的基础。要想上好激趣课，首先要读书。对学生所读书目，做到精读、深读、细读，不仅要读好这一本书，还要读作者其他著作，及与该书同类型的书。这样才能在阅读课上举一反三、触类旁通、灵活运用。多读教育类图书，掌握教育教学理论、技能，了解教育动态、趋势，提升自身内涵、修养。

1.利用封面插图

图书都有封面与文中插图，这些也是上阅读激趣课的切入点、突破口。比如三年级的课外阅读推荐的是《中国寓言》，就可以利用观察封面这一方式，仔细观察封面后，说一说能不能从封面猜到这本书是哪个出版社出版的，作者是谁，作者有没有同学们感兴趣的故事，书中会说些什么故事。再采用出示图片猜寓言故事的方式，说一说自己知道的寓言故事内容，从中受到了什么启示，学到了什么？再出示书中孩子没见过的寓言故事图片，让学生观察，引导他们说一说图中的故事，然后再出示原文加以比较。看一看学生说的与文中写的哪个更好，以此来调动学生阅读兴趣。

2.巧用提问设疑

问题是通往真理的小径，巧妙设计问题也是上好阅读课的技巧。用一串串有趣味、有内涵、贴近学生生活的问题作为课堂教学主线，能有效地激发孩子求知探寻的心理。在六年级《女儿的故事》阅读激趣课上，根据文本内容，我设计了一个个问题：同学们说一说“T”是什么？猜一猜文中的“T”又指的是什么？围绕“T”会发生哪些故事？校长说的“T”的内容与作者说的“T”的内容一样吗？就这样一个个小问题就能激起学生浓浓的兴趣。在进一步的教学中，又设计了如下问题：你们的理想是什么？你能猜到书中曹迪民的理想是什么吗？曹迪民作业为什么六次都改正不了？一连串生动有趣的问题吊起学生胃口，激发起好奇心，自然而然地把孩子带入书中。

3.活用课内文本

课内文本是通向整本书阅读的桥梁，充分挖掘课文的资源，不仅能降低整本书阅读的难度，也能让学生从熟悉的文本中走进书中，更容易让学生产生阅读兴趣。我在执教综合性学习《难忘的小学生活》这一内容时，就利用学生毕业时的不舍之情，上好《你好，旧时光》阅读课，让学生带着自己的体会，走进书中，得到不一样的收获与感悟。

4.妙用信息技术

多媒体教学资源，给课堂教学带来巨大变革，也为阅读激趣课堂带来很大帮助。多媒体教学资源把黑白两色的墨香书本，变成有声有色、有图有景的视频，给孩子们带来不一样的体验。在《成语故事》阅读激趣课上，我有选择地播放了《画龙点睛》《画蛇添足》两个短视频，并借助多媒体的背景音乐改编《滥竽充数》，然后让孩子现场演一演，既加深学生对文本的体验，又能让阅读激趣课变得生动精彩。

三、合理迁移　由读入悟

阅读是学生的个性化行为，教学应引导学生钻研文本，在积极主动的思维和情感活动中，加深理解和体验，有所感悟，受到情感熏陶，获得思想启迪。带着学生由一节阅读激趣课走入一本书，由一个阅读主题进入一片书林。读不是阅读目的，如果只抓住读书的“读”，看似读得热闹，久而久之就会变成为读书而读书，失去读书本来的目的，变成扎不了根的浮萍。阅读激趣课上不仅要激发学生读书的兴趣、感受读书的乐趣，更要促进学生在读书中思，在读书中悟。仍以《女儿的故事》为例，在学生说完曹迪民的理想是什么，曹迪民又是如何闹语文课，我出示原文精彩片段，让学生用几个词语来概括曹迪民的性格特点，然后与原文对比，看看与作者相比谁组织的语言好，谁的构思好，好在哪里？孩子们在一次次笑声中，迸发出思想火花，从而让学生有所思、所悟、所得。

四、授之以渔　内化于心

整本书阅读激趣课，给孩子们打开一扇阅读书籍的窗，创造一次激发阅读愿望的机缘。没有积累的阅读是无效的、无用的，想让孩子的阅读有所得、有所收获，良好的读书方法不可缺少。不动笔墨不读书，读书笔记是有效积累的方法，缺点是枯燥乏味，学生容易失去阅读的兴趣。为了让学生保持阅读兴趣，根据学生的不同学情，我在阅读课上设计了以下几种读书笔记形式。

1. 宣传海报

画一张该书的宣传海报，写上推荐理由，配上与主题相关的画面。

2. 联结卡

内容包括：

文中的人（　　）

姓名（　　）出处（　　）职业（　　）事件（　　）

生活中的人（ ）

姓名（ ）出自（ ）职业（ ）事件（ ）

3.小剧本

导演：（ ）

演员：（ ）

道具：（ ）

剧本内容：（ ）

宣传语：（ ）

4.挑战卡

原文内容：（ ）

精彩续写：（ ）

原著下文：（ ）

对比收获：（ ）

5.积累卡

词语积累	
优美句子	
有趣情节	

6.点评卡

文章主要情节	
人物特点	
我的收获	

阅读激趣导入课以激发学生阅读兴趣为目标，以“趣”作为阅读主线，培养学生独立阅读的能力，学会不同的阅读方法，注重情感体验，发展感受与理解能力。根据各学段的要求，教师通过不同的学习方式，激发学生对阅读的热爱，提高学生语文素养。蕙兰栖诗意，以书为友；桃李蕴书香，以学增慧。用阅读点亮心灵，让书香浸润孩子一生。

工欲善其事，必先利其器

——浅谈巧用信息技术更好地促进整本书阅读

江长美　李　双

“工欲善其事，必先利其器”，教育信息技术，不是一种奢侈的摆设，而是一种提高教学效果的简便快捷的工具， 利用计算机进行教学是未来社会对教育的呼唤。近年来，小学语文教育越来越重视学生阅读整本书能力的培养，主要从整本书的课堂、整本书教学讨论、推进和评价等方面逐步展开。怎样更好地引导学生进行整本书阅读，让学生在整本书阅读中收获更多，体验读书的快乐，这就要求在整本书阅读教学中使用一定的技巧，信息技术无疑可以填补这项空白。在信息技术迅猛发展的时代，整本书阅读辅之以信息技术教学手段，突破了单一的纸质阅读形式，为学生提供了丰富多样的阅读资源，给教师的整本书阅读课堂增添了活力。有了信息技术的帮助，大大地激发了学生的整本书阅读兴趣，增加了学生的阅读量，提高了学生的阅读能力。

一、巧用信息技术，上好导读激趣课

教师帮学生选好书后，就要考虑怎样引导学生走进这本书，这就要求教师上好读书之前的导读激趣课。导读激趣课，顾名思义，是通过课堂，激发学生阅读这本书的兴趣。激趣课可以有不同的形式，可以通过书名设疑，引导学生大胆猜测，大胆想象，以此引发学生兴趣；可以从封面和封底入手；可以设置悬念，激发学生主动参与；可以利用书中精彩片段，授之以渔，教给学生读书方法。不论哪种激趣方法，教师可以以信息技术手段为依托，在导读课中，恰当地使用图片、精彩短视频、录制音频、相关动画片片段、音效等手段，让学生在快乐中不知不觉地爱上这本书。比如上《淘气包埃米尔》的导读激趣课时，可以把书里的有趣插图制作成课件，课堂上再把埃米尔的搞怪表情，用课件的方式展示给学生，让学生根据图片发挥想象，猜测内容。然后，再截取一段视频片段，让学生对这部剧产生兴趣。教师也可以

根据视频内容，录制一段自己的配音，可以加上适当的搞怪的腔调，把学生牢牢地吸引过去，让他们产生强烈的阅读期待。这样，学生的好奇心被充分调动起来，当学生拿到这本书时，一定会如饥似渴地去读。

二、巧用信息技术，进行阅读推进

对于高年级学生来说，他们已不适合读绘本，他们已经可以阅读名著了。名著一般篇幅较长，人物众多，情节复杂，学生可能读着读着就没有先前的浓厚兴趣了。这就需要教师“带”一把，也就是学校说的阅读推进。上阅读推进课的方式多样。

1.利用智慧课堂上推进课

教师把事先预设好的问题，通过教师端的平板同步到大屏幕上，让学生在学生端的平板上做题，或在本子上做好拍照提交，教师可以收到所有学生提交的答案，并可以全班共同浏览批改，还可以直接看到学生做题的正确率。如果发现学生听课不够专心，教师可以使用平板中的抢答功能，学生的注意力就会异常集中，摩拳擦掌就等着抢到一个机会。抢答环节是学生最喜欢的回答问题的方式，抢到机会的同学会异常兴奋。整节平板课，学生都处在兴奋的状态，学习效果也非常好。

2.利用阅伴App软件进行阅读推进

阅伴是一款最新的手机阅读工具，有其独有的闯关功能。它向孩子提供个性化的阅读方案，提升孩子的阅读兴趣。阅伴学生端App通过游戏闯关式的阅读测试来激发学生对阅读的兴趣，将游戏的乐趣与阅读巧妙地合二为一，同时用游戏的方式来测试孩子的阅读情况，解除了孩子读书过程中的枯燥乏味，也摆脱了耗时的考试环节，让孩子更加喜欢阅读和思考。通过软件中的测试结果，家长和教师能清楚地了解到孩子对每本书、每个章节的阅读效果，更有针对性地进行指导、鼓励。教师还能在软件中组织共读活动，让孩子与班里的同学共同阅读闯关，激励孩子继续认真地阅读书籍。

3.利用钉钉群里的打卡功能

钉钉是一款办公软件，已被广泛使用。里面有打卡功能，学校检查学生的阅读情况，可以在钉钉群发布打卡任务，鼓励学生每天坚持阅读打卡。教师可以在打卡页面跟学生互动或给他们送花。

三、巧用信息技术，进行阅读分享

1.利用课堂进行阅读分享

课堂上教师放开手，让学生愉快地分享读书收获。分享的过程中，在课件里展示某个章节的图片，让学生根据图片复述情节，锻炼了学生的复述能力；可以在课件里设置游戏闯关题，了解学生对整本书的阅读感受；可以根据某个场景，让学生即兴给场景配乐。这样，既活跃了课堂气氛，也锻炼了学生的能力。

2.利用钉钉视频会议进行阅读分享

当课堂上没有时间进行阅读分享的时候，可以利用周末，在钉钉群里开视频会议，带着同学们用视频会议的形式，一起分享阅读的快乐。

四、巧用信息技术，进行阅读拓展

一本书读完，学生会对这本书里的某些内容、某种写法、某些事物或人物产生兴趣，想继续了解更多相关的内容。教师可以利用信息技术，向学生推送同类书籍或推荐这个作者的其他作品。学生的在校课堂时间是有限的，阅读课外书的时间大多放在课外。教师可以把同类书目及内容，或同一作者的不同作品，下载后通过钉钉、微信等社交软件，发送给学生，让学生课外阅读，并且提醒学生要科学用眼。

等学生看完一些同类的书，教师可以组织学生把这类书的阅读收获写下来，可以是读书笔记、收获的知识、阅读后的感受，自己仿写的片段、小诗、自己的梦想，等等，也可以用集图片、视频、声音于一体的信息技术，把自己的学习收获录制下来，发到微信或钉钉群里，大家在群里进行探讨、借鉴、学习，把群真正变成同学们学习、交流、进步的空间。这打破了把学生禁锢在学校学习的局面，把学生的学习引向了更广阔的天地，既拓宽了学生的知识面，又增加了学生的阅读量，很好地提升学生的语文素养。

总而言之，信息技术为小学整本书阅读提供了广阔的天地。在整本书阅读中，教师巧妙利用信息技术进行整本书阅读的指导、交流、分享、拓展，让整本书阅读落到实处，让学生深深爱上阅读，提升了他们的阅读品位。为此，在小学整本书阅读工作中，教师要认真钻研，不断探索，让信息技术支持下的整本书阅读更有效地推动小学阅读工作的开展。

开展亲子阅读　营造书香氛围

金　金

陪伴是爱孩子最长情的告白。近年来，越来越多的家长认识到开展亲子阅读对提升语文素养的重要作用，也愿意孩子依傍身旁，同捧一本书，共目一篇文，嘴念同行字。那种“在一起”的温馨让许多家长纷纷追捧效仿。可在实际操作中却遇到了诸多难题，例如：选择什么样的共读书目？什么时候开展亲子阅读？怎么带着孩子进行亲子阅读？我结合本校亲子阅读的开展、自身的教学经验以及近些年在中低年级亲子阅读的实践研究，从以下四个方面具体阐述。

一、创阅读环境　助氛围相通

居必择乡，游必就士。有人说，读《水浒传》必须摇着蒲扇，读《红楼梦》应焚清香，读《繁星》应在月明如水的静夜……这都说明阅读环境的重要作用，阅读应是“读者—读物—环境”三者相互作用的过程，环境影响阅读者的心境、进程及效果。

亲子阅读也需要这样的仪式感。

第一，家长要为孩子创设一个良好的阅读场所，即家长可以为孩子建立一个专属的家庭图书馆，让孩子在家中可以随时随地拿到一本喜爱的书。不要把亲子阅读当成上课，当成任务，而要将其当作跟每天吃饭、喝水、玩游戏一样的日常。学校看重的不是孩子一天读了多少本书，而是细水长流地把阅读融入生活中去，变成生活的一部分。让家庭环境与“蒙以养正，书香致远”的校训相契合，做好“学校图书馆—班级图书角—家庭图书架”的阅读环境立体式建设。第二，家长们不必焦虑自己没有那么多时间。把书籍放在触手可及的地方，只要孩子需要，所有零碎的时间都可以利用起来，即使工作再忙时间再紧，也可以在每天睡前陪孩子讲故事读文章，也可以每天固定时间阅读15~20分钟，形成传统——仪式感。

孩子应该从两三岁起就开始读书了，而非等到学校之后，让教师培养孩子的阅读习惯。家是世界上最温暖的地方，阅读也应该发生在家里，从家里开始。让客厅变成“书房”；让卧室变成“图书馆”；节假日的时候带孩子去图书馆和书店逛逛；孩子成绩优异取得进步或者过生日的时候，不妨把书当成礼物；只要孩子感兴趣想看的书，想尽办法找到它；孩子感兴趣的动画片、电影、电视剧，尽量带孩子读一读纸质的原著……

最是书香能致远，腹有诗书气自华。亲子阅读不只是妈妈和孩子的事，爸爸也应参与其中，形成全家阅读的氛围，让孩子从小浸染书香，长大自然会爱上阅读，爱上文字。

二、厘角色定位　引方向相同

要想让孩子爱上阅读，首先要让家长接受阅读并能够引领孩子阅读。很多家长对“亲子阅读”这个词汇产生了误解，他们认为“亲子阅读”是指家长在阅读过程中对孩子进行阅读帮助。所以当孩子在一年级学会拼读汉字后，家长就觉得他们可以放手让孩子独立阅读了。另外，本校处于仁和路西，周围多处安置小区，学生家长多为拆迁户或者个体老板，整日忙于生意，根本抽不出时间陪伴孩子。班级中有部分学生住“家园”或者是留守儿童，见不到父母，更别提亲子阅读了。

1.厘清角色定位

一般情况下，学校中的教师主要是激发兴趣的播种者、传授阅读方法的指导者。家庭中的父母（也有可能是其他陪伴孩子阅读的长辈）因其陪伴孩子的时间最长且家庭阅读氛围更为放松，所以在阅读中主要的角色定位是温暖的陪伴者。亲子阅读本就是家校共同承担的“课标任务”，而非教师一个人的舞台。

家校之间的角色定位是互通的，是可以相互转化的。人的身心发展具有互补性，某一方面的机能受损甚至缺失后，可通过其他方面的超常发展得到部分补偿。这种功能互补，也表现在亲子阅读的角色定位上。在教学中，总会遇到留守儿童，他们远离父母，只能由年迈的爷爷奶奶或者外公外婆照顾起居。对于这类孩子，教师的角色还需要加入陪伴者的身份。当然，如果孩子的父母是阅读的爱好者，并且在指导阅读方面很有方法，此时，教师就可以适当让出一些位置，学会放手，仅仅做好方向上的引导，甚至还可以让这样的家长指导其他家长和孩子。总之，家长和教师之间此消彼长，通过互补甚至是角色转换来实现亲子阅读的零缺失。

2.“家长学校”引方向

针对亲子阅读的开展，我在每周五的阅读课都会开展形式不一的读书活动，有“阅读指导课”“好书推荐会”“阅读知识大PK”等，每次活动都会邀请不同的家长参加，让家长真正地了解阅读，了解学生的共读效果，明白自己需要做什么、怎样做。

从一年级下册开始就可以开展这样的示范活动：先上一节家长参与的共读课，在共读课中渗透一些自读方法，借此提示家长本学期的亲子阅读方式。然后每周不定期开读书分享会，让有经验的家长到孩子的班级，与更多的孩子进行亲子阅读。学校不定期地举行家庭亲子阅读交流会，交流亲子阅读的经验和方法。时间由各个班级根据实际情况而定。家长的分享可以是准备充分的，也可以是即兴的。当学生看到“家长学校”上自己爸妈的演讲，那种对阅读的高期待以及内心的成就感便油然而生，其他学生能不羡慕吗？当家长看到其他家庭的阅读风采及孩子的妙词佳句，还有那一幕幕温暖的亲子互动场景，其他家长能让孩子输在阅读的起跑线上吗？

三、借平台展示　促步调一致

1.好书漂流“云阅读”

你有一种思想，我也有一种思想，彼此交换，每个人就有了两种思想。亲子阅读更需要这种思想的碰撞。书目的交换是基础。学校推荐亲子阅读书目，需要遵循儿童各个年龄阶段的特点及心理发展规律。中低学段以图文并茂的绘本、童话故事为基础，适当增加科学故事、榜样故事、寓言故事等；中高学段则以文字为主增加历史、科幻故事，可以涉猎名篇名著的简写本共读。这里特别推荐市教育局每个寒暑假“亲子阅读活动”推荐的书目，亳州市已经举办了十一届亲子阅读，有大量的书籍供大家选取。这里，不是让大家一一购买，我推荐一种好的做法——“好书漂流”。

随着互联网的广泛应用，教育也步入了信息化时代，亲子阅读也搭上了“e”时代的大快车。我的班级好书推荐选取的是阅伴App。在平台上，学生通过图片展示自己读过的书或者现在不看的书，这样其他同学就能通过App看到这些书，如果有孩子对某本书特别感兴趣就可以点击“借书”，这样，书的主人便会收到一条提醒信息，确认之后就可以把书带给借书人。这样的虚拟图书馆可以有效地让学生手中的书“活”起来，从而使班级的学生能够共享图书，同时也节省了家长给孩子们挑选图书的时间和成本，最重要的是这些书都是他们津津乐道的，避免了选书的盲目性。

2.形式多样，感性阅读

起初的亲子阅读，我借助“阅读存折”，孩子们以周为单位填写“亲子阅读记录卡”，每周结束时上交并存入“阅读账户”。随着阅读平台的不断优化更新，我选取了“班级优化大师”建立亲子阅读咨询平台，家长可以把共读情况进行视频、图片“打卡”，虽然只是一个勾，但对于阅读习惯的养成却是非常重要的。一个月，两个月，一学期，一年……积少成多，回首家长的阅读陪伴，对学生和家长而言也是一种鞭策。只有这样，才能使亲子阅读变成一种常态，形成一种习惯。经验丰富的家长还可以通过平台直播分享阅读方法、阅读经验以及阅读感悟。

每周一的教研课联盟校都会邀请名师执教阅读指导示范课，课后由年级招募的“故事妈妈”或者“故事爸爸”模仿名师开始说书，让更多的家长成了故事迷。整本书导读课《夏洛的网》、阅读推进课《青铜葵花》、主题阅读课《水浒传》，还有许多低年级的“讲故事大赛”“朗诵比赛”，中高年级的“剧本表演”“辩论活动”以及一系列的亲子阅读“实践作业”。所有这一系列的阅读活动，家长都参与其中，真正实现课内阅读与亲子阅读的有机结合。让教师可控，让亲子阅读的阅读效果能够契合新课标的阅读要求。制作手抄报、新年贺卡、环保连环画、书签、撰写调查报告、建议书等，家长和孩子们对这些亲子作业总是乐此不疲。

四、多元评价激励亲子互动

根据不同年龄阶段学生的阅读特点，每个年级都制定了详细的阅读计划，班级再结合实际协助家长制定亲子阅读计划。依计划执行，每周阅读平台都会产生“阅读之星”和“最美阅读家庭”。这些在阅读中尝到甜头的读者，阅读情绪自然更加高涨。班级调查统计每个学期学生的阅读情况，进行量化评比，推举“阅读达人”“书香家庭”参加联盟校的评选表彰。当“阅读达人”的特制校徽挂在校服上，当显示屏滚动家庭的阅读互动，当漫步校园的角落不经意间发现自己和爸妈的阅读合影，家长和孩子们怎么会无动于衷呢？

在一次次的成果展示中，孩子们的自信心越来越足，表达能力也越来越强。自我肯定、家长的称赞、教师的表扬、来自同伴的鼓舞及学校的嘉奖，这种多元化的评价方式更是激发了家长和孩子们的阅读热情，形成了“读—展—评—读”的良性亲子阅读循环模式。

久居书中心自香。在记忆的黄金期到来之前，夯实阅读的“童子功”。阅读旅行中，家长一路同行，携手成长。琅琅书声，定是孩子的朗朗乾坤，让学校和家长一起，开展亲子阅读，营造书香氛围，打造书香城市，建设书香社会。

附录

校园文化建设掠影

一、书香校园

涡水汤汤，倒映着漆园大地人民追求幸福的身影；佛塔巍巍，俯视着庄周故土百姓蓬勃向上的英姿。有这样一所学校：她是培育英才的沃土，宁静中孕育着无限的希望，憧憬着美好的未来；她是凝重厚实的花苑，发展时传承着灿烂的文明，撒播着科学的精神。她就是蒙城三小仁和路校区——一座历史悠久、人才辈出的百年名校。学校始建于1912年，坐落于万佛塔下，慈氏寺院中。十年树木，百年树人，一代又一代的三小人用“热爱、奉献、执着、担当”的精神促进三小跨越式发展。2007年9月，三小整体搬迁到商城路，学校发展更是日新月异。随着经济社会的飞速发展，2016年9月，坐落于美丽鲲鹏湖畔的蒙城县城关第三小学仁和路校区投入使用。学校地处城南，设计有60个标准教学班，占地53亩，建筑面积23000平方米，总投资7000万。

蒙城三小仁和路校区秉承“立德树人”的教育根本任务，提出了“蒙以养正，书香致远”的办学理念，以“一日行为规范”和“智慧阅读”为依托，打造出特色办学之路。《易·蒙》：“蒙以养正，圣功也。”“蒙”字有“启蒙”的意思，又暗含学校处于庄周故里——蒙城之意；“书香”就是书的香气，书的内涵，“致远”就是通过多读书，读好书，会读书，实现自己的理想，让自己的人生道路更宽广、长远；让孩子因为阅读而阳光，在阅读中陶冶性情，增长智慧，明白道理；让孩子读书修身养性，以德立人，崇尚真善美，达到书香致远的境界。学校把“腹有诗书气自华”和“最是书香能致远”作为自己的校训和校风，逐渐形成了“粉笔无言写春秋”的教风和“读书万卷始通神”的学风。

学校大门造型，既像一本打开的书，又像鲲鹏张开的翅膀，寓意着学生在知识的天空翱翔。

学校大门

走进大门头顶上的一本翻开的巨卷，预示着你已经进入用“书”筑成的校园，仿佛可以闻到书的清香。建校以来，学校在开齐开足国家课程的基础上，开设了国学、阅读、游泳、劳动实践等地方课程和校本课程，引导教风学风正气向上。

大门往里是一本打开的书卷，这本用石头刻成的书记录着古今名人的“书训”，学校的文化建设以“书”为媒，形成了浓郁的书香氛围。

学校综合楼前的“石书”

石书左右两侧是四块“台历”，上面记载了学校建校以来走过的风雨历程，鲜艳的色彩也寓意着学校一年四季都是色彩斑斓的。

“台历”

“三味书屋”是校园内的开放式书吧，供晚走的孩子们（等家长来接）在这儿读书。由于上面加了顶棚，即使雨天的时候孩子们也不会淋着，学校会安排专门的管理员对书屋里面的书籍进行管理和更新，不断丰富着孩子们的精神世界。

“三味书屋”

正对着大门的综合楼楼面中间是一块巨大的彩色电子屏。早晨，学生在大屏下，跟着大屏的视频，一起诵读《论语》《大学》《三字经》《声律启蒙》等国学经典；中午和下午放学，在国学歌的音乐中走出校门。正对着大门的是学校的综合楼。走进综合楼大门就可以看到不同字体的“书”字，给我们带来浓浓的书香气息。

学校电子屏

综合楼一楼的书香大厅

书香大厅正中的墙上展现的是我校的办学理念“蒙以养正，书香致远”的从甲骨文到金文到小篆到隶书再到楷书、行书等的不同字体，彰显了中华文明的悠久历史和三小人教育情怀的不断传承。大厅两边的文化墙上是我校教师的风采展示，明确教师的位置，增强教师的自律精神、责任感和使命感。

教师风采墙

综合楼一楼有藏书阁和国学馆，藏书量达7.5万册。其中藏书阁藏书共4.5万册，分为750套，每套都有60本书，满足每月每班共读一本书的需求。图书借阅采用数字化管理，每本书都生成独立的条形码，学生借阅图书时扫码登记，还书时再扫码归还，非常方便。

藏书阁

藏书阁的对面是国学馆。这是一间古典风格和现代化教学设备融为一体的场馆，可以容纳120人。国学课上，孩子们带着指定图书来到学校的国学馆。在这间充满着书香气息的教室里，孩子们在教师的激趣下，对国学产生了浓厚的兴趣，潜移默化中传承中华优秀文化。

国学馆

藏书阁与国学馆之间是电子图书借阅系统，储存着大量的儿童读物、有声绘本、教育期刊、科学杂志，种类丰富，内容精彩。师生可以在屏幕前在线阅读，也可以扫描二维码，下载阅读。

电子图书借阅系统

教师阅览室里，存放有各种教育书籍、报纸杂志，给老师提供了很好的课余“充电”的好去处。

教师阅览室

心灵氧吧既是学校的心理活动室，又是学校的留守儿童之家。学校有专业的心理学老师分别负责接待室、心理咨询室、沙盘游戏室、音乐放松室、心理宣泄室的管理和教学工作。

心灵氧吧

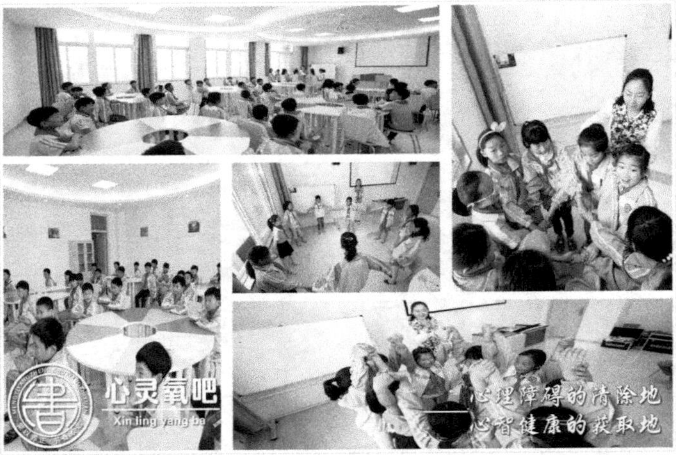

心灵氧吧活动现场

这里是孩子们心灵的另一个家，放松室和发泄室是学校的一大特色，针对孩子不同的性格采取不同的纾解方法。学校的放松室女孩子相对来得多点，抱着娃娃，躺在沙发上，听着舒缓的音乐，说出自己的心里话，发泄室男孩子多一些，考试前，想父母时，孩子们都可以在发泄室里宣泄一番。

综合楼三楼的校园电视台给孩子们提供了展示自己的舞台。编辑们通过校园网云平台把孩子们的节目推送到每个班级的一体机里，让孩子们真切了解学校的大事小情，感受同伴们的才华。

校园电视台

学校文化长廊美轮美奂：长廊顶上悬挂着彩虹拱门，一楼的“一日行为规范”，二楼的“阅读书目”，三楼的“十二生肖”，四楼的“传统节日”，传统经典与现代文化相结合，充满浓浓的书香气息。长廊上镶着一块块黑板，展示教师的粉笔书法作品和孩子们的硬笔书法作品，每当师生走过，总会驻足观看，点评赏析一番。

校园长廊

每一层楼梯的拐角处都有名人名言和精美壁画，孩子们目之所及皆文化。每栋楼一楼的墙壁都各有特色：书香楼是“校长特别奖”，励志楼是“心语心愿”和“星级班级”，状元楼是“阅读之星”，见证着孩子们的进步和成长。

校长特别奖

校长特别奖，是对有个性、有特长、有进步的学生进行褒奖。每个月每个班都评选出四名在不同方面表现突出的学生，可以是学习优秀的，劳动积极的，讲文明礼仪的，体育艺术方面较为突出的，获奖的学生可以得到校长签名的赠书、与校长合影、同校长一起共进午餐等奖励。

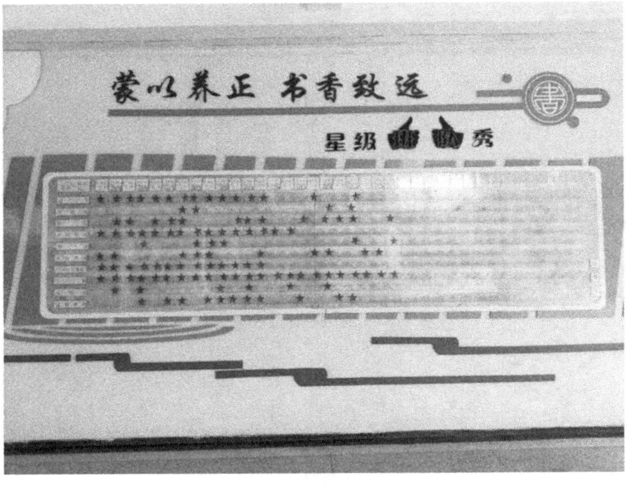

星级班队秀

学校经过不断摸索，制定了融合养成教育、教育教学常规、安静校园、上学放学有序、文明礼貌教育、大课间活动、安全教育、校园环境卫生和学生自主管理为一体的“一日行为规范”的管理方案。学校的书香天使，学校的文明监督员每天对学生的行为习惯、卫生习惯、学习习惯、养成教育、安全意识等进行检查评比。每到星期一，很多教师和学生都会不约而同地来到这里看星星，他们从中获得奖励，也从中找到差距。

“心语心愿”墙上，一只只展翅飞翔的小鸟带着同学们美好的心愿，远大的理想飞向远方！这面心愿墙，承载着孩子们满满的祝福和梦想，陶冶了孩子们的情操。

励志楼一楼“心语心愿”墙

每栋楼的楼梯口处，都设有开放书吧，书吧里的图书，可供孩子们课下自由阅读。学校的每层楼梯的侧面，都贴有经典诗句，学生上楼梯时，俯仰之间都是经典文化。

楼梯口的开放式书吧

诗词台阶

每个教室都设有图书角，教室里的四面墙也是学生大显身手的舞台，这一面提示诵读内容，那一面晒晒学生的阅读成果，温馨的班级文化的布置，充满着书香气息。

班级图书角

教室门外的那面墙，是每个班级的文化长廊，每月一更新，有手抄报，有巧手剪纸，有习作，有绘画，有书法……每一板块都能表现出班级的特色，都饱含着学生的诗情画意。

班级文化长廊

书籍，是人类进步的阶梯；阅读，是门槛最低的高贵。把学校建成处处洋溢书香的书屋，是仁和路校区的师生们持之以恒的追求。

二、智慧校园

2018年1月，蒙城三小仁和路校区顺利成为安徽省38所“中小学智慧学校示范”学校之一。学校拥有校园集控录播系统、校园广播系统和户外全彩屏设备，配有智慧教室、3D教室、校园电视台、精品录播教室等先进的智慧校园基础设施。同时，建有图书数字借阅系统和电子阅览系统。

在智慧校园基础环境建设的过程中，学校坚持建、管、用同步进行的原则，稳步推进智慧教育行动计划。

1.户外电子屏

户外电子屏是学校进行学校管理的好帮手，也是学校进行校园文化宣传的前沿阵地。“蒙以养正，书香致远”“腹有诗书气自华”“最是书香能致远”“粉笔无言写春秋”“读书万卷始通神”，学校的办学理念、校训、校风、教风、学风等会经常出现在电子屏上；智慧阅读活动、大课间活动、文艺活动等学校校园文化建设的图片和视频也会经常出现在电子屏上，供师生和家长们观看。

户外电子屏更是学校与家长沟通的桥梁。孩子所在的班级是否评上了星级班级、家长们在接送孩子时应在哪个区域、学校最近又办了什么活动、遇到雨雪等极端天气家长应该注意些什么、接送孩子路上提醒遵守交通规则等等，家长们都可以在第一时间通过户外电子屏了解到这些信息。

2.数据中心

学校综合楼二楼的数据中心有一个几乎占据整个墙面的2.6米×6米的室内超大彩色屏幕墙。坐在超大电视墙的前面，通过操作屏幕前的电脑，您可以调取学校各个角落的画面以及任意一间教室里师生们的教学现场。如遇特殊情况，操作者还可以实现与课堂内老师和同学们的实时对话，非常便于管理。

通常情况，值班的领导和老师可以通过校园监控系统查看老师们是否按时进班、课堂教学行为是否规范、大课间活动各班纪律如何等等，同时，校园安防系统与教学监控系统的合二为一，管理者们也可以看到校园各个角落的卫生、安全等情况。这种智慧化的管理模式让管理者的管理工作十分快捷。

3.精品录播教室

精品录播教室是教师们进行教学教研和优课上传的重要阵地。教师们可以把要进行教研的内容在精品录播教室里录制下来，再拿到教研室进行集中观看教研。教研者可以在观看视频的过程中随时将视频暂停下来进行集中研讨，这种方式，既有效避免了教师观课时对授课者的影响，又使听课者在进行观看时处于相对舒服的状态。教师们还会把自己的得意课例通过精品录播室录制下来上传到国家和省级基础教育平台，进行优课评选，通过比赛提高自己的业务能力。

4.3D教室

3D互动教学系统是利用虚拟技术模拟难以讲解的教学场景。对于在现实生活中无法观察到的自然现象或事物的变化过程，以及一些不可能出现的场景，可以在3D教室呈现，为学生创设一个情景化的学习环境。3D教学不但使学生们喜欢上课，而且还能加深学生在课上学到的知识。体验过3D教学的孩子，能够通过肢体语言、模型展示等方法，增强视觉化的记忆能力，从而帮助学生缩短学习概念的时间，提高学生在课堂中的注意力并使他们更深入地思考问题。

3D教室

5. 校园广播系统

学校校园广播通过后台一键控制，能够实现包括教室、操场、走廊、办公楼等各个区域的全覆盖，支持自动播放，实现全自动播放和手动播放的随时切换；支持分区控制，能够根据播放内容和需求的不同，分路控制操场、走廊、校园等扬声器的临时播放。

6. 智慧教室

智慧课堂系统解决了传统教学中师生之间互动不够和不全面的问题。在智慧课堂上，师生可以通过移动终端系统（PAD）实现抢答、提交作业、与教师一对一的课内外交流等，丰富了教学形式，提高了学生兴趣，有效实现了学生的个性化学习，同时教室端系统还可完成动态评价的大数据分析计算的工作，丰富了教学资源。

7. 智慧班牌

智慧班牌是班级展现自我风采的平台。智慧班牌系统基于班级日常需求，围绕班级主体，实现了多样性的功能需求。无论是班级通知、班级主题活动、班报展示、班级课表、班级荣誉，还是学生作品、学生活动照片、学生评价查询、校园门户、学校的通知信息等，都可以成为智能班牌的展示内容。

好风凭借力，送我上青云。而今，仁和路校区的师生们正站在智慧学校的新起点上，秉承神圣教育使命，胸怀崇高教育理想，抓住发展机遇，汇聚发展力量，示范引领，开拓向前，继续为创建学生快乐、家长放心、社会满意的学校而努力奋进。

2017年12月，学校被评为安徽省中小学智慧学校示范学校

2019年12月，学校报送的《给阅读插上智慧的翅膀——技术支持下的“智慧阅读”实践》被推选为全国基础教育信息化应用典型案例

后　记

这是一片培育英才的沃土，宁静中孕育着无限的希望，憧憬着美好的未来；这是一座凝重厚实的学苑，成长时传承着灿烂的文明，弘扬着科学的精神。

蒙城三小仁和路校区依“书香致远”的理念，抓省建“智慧学校”的良机，靠师生“腹有诗书”的追求，深入开展校园文化建设工作。

1.智理

致天下之治者在人才，成天下之才者在教化，教化之所本者在学校。蒙城三小仁和路校区把“蒙以养正，书香致远”作为办学理念。

教育的意义是启迪人的智慧，促进人的发展，而读书就是人生大河畅流不息的源头活水。没有书籍滋养的心灵是干涸的，没有书籍为伴的生活更是灰白的。阅读是点亮人生精神明灯的火种，美丽的文字是有温度的，能温暖学生一生。在浓郁的书香中，学生的思想素质和道德修养得以提高，人格得以完善，精神才会健康。

2.智境

异彩纷呈留倩影，书声琅琅诵经典。校园广播电台是学校宣传工作的重要载体，一切工作本着为学生成长服务、为学校特色宣传服务的宗旨，突出“立人、尚德、日新”。其目的是加强学生思想教育，陶冶学生的情操，增进师生交流，给有才华的学生提供展示的平台，在校园内形成一种积极向上、健康快乐的和谐氛围，充分为“勤学、乐学、会学”的学习风气而服务。

教学管理千头万绪，斗室之中尽收眼底。总控室是实现科学化管理，加速教师成长的平台，每天都有值班领导在此值班，全校各个班级的学生到校情况、老师的课堂教学情况都能掌握；发现问题，足不出户，就可和班级内直接进行对话，给学校管理带来了极大方便。

这是一本“石书”，这本书记录着从古到今名人的“书训”，学生每天进出校门都能看到这本书，“时刻鼓励学生多读书、读好书，为祖国而读书”。石书左右两侧是四块颜色鲜艳的台历，寓意着仁和路校区的一年四季都是色彩斑斓的。

3.智阅

穿梭千年美文之中，晨光里与先贤对话。晨诵里学生伴着朝阳，心灵穿梭在千年美文之中，或诵读，或感悟，在愉悦的阅读氛围中开启美好的一天。仁和路校区校园内的书香广场上，总是聚集着一群孩子，他们跟着书香大屏诵读。通过坚持，孩子们已经诵读了《千字文》《声律启蒙》《弟子规》《少年中国说》《诫子书》《赤壁怀古》等古今名篇。

春暖花开宜读书，最是书香能致远。为推动全校阅读工作，学校提出重构语文课堂教学，将阅读课作为校本课程，纳入课表之中。每班每周都要上好阅读课；每月都按阅读进度上好导读激趣课，问题推进课，读书分享课，拓展课。成立阅读社团，不断召开悦享阅读推进会，专题会。

4.智读

智慧校园阅读经典诵读活动组织形式灵活，推陈出新，如组织1060名学生在课间齐声诵读经典名言，每周结合学生行为规范、品行修养教读经典名言，各班利用课外时间编排、表演国学剧本。这种别具一格的课间活动把经典诵读与学生日常行为规范教育融合在一起。

异彩纷呈留倩影，书声琅琅贯始终。雁过留声，书读觉香。读书改变了学生的生活，丰富了学生的想象。学生在阅读中变得快乐，学到了更多。我校以班级为单位每两周举行一次读书成果汇报会为学生提供展示自己的舞台。读书汇报会不拘一格，可以由老师组织，也可以完全由学生自己组织。

低学年的学生开展了“成语沙龙”会、课本剧表演会、“我来诵经典”等活动，中高学年段学生则开展了“推荐一本好书——读书交流会”“中华诗文朗诵会”“为祖国的明天”演讲比赛等，所有的活动学生都积极参与，精心筹备，在活动中学生们全身心投入，力求把自己读书的成果全方位展示出来，和所有人分享阅读的喜悦。

5.智联

学校围绕“以校为本，师生共读、亲子同阅”的思路，举行家长读书活动仪式，号召全校师生和家长全员参与读书活动，形成了学校、教师、学生、家长四位一体的读书模式，共同创建“书香校园”“书香家庭”。学校在寒、暑假里开展专题阅读，亲子阅读活动。在放假前制定阅读计划，选定阅读书目。亲子阅读，家校联手，家长每天都反馈学生在家的读书情况，学校每天进行总结评比，开学后进行表彰。

6.智学

志行万里，不中道而辍足；翱翔九天，将振翅以始终。全校统一使用钉钉App、钉钉PC端进行教学。钉钉“在家上课”计划提供“大班”和“小班”的授课模式，“大班”模式是学校统一组织名师在线直播，公开给全校学生观看。“小班”模式是学校老师自己在线开课，组织本校或本班学生观看。每个班的老师可通过电脑、手机钉钉发起课堂，并通过群直播、录播、连麦功能与学生互动。老师上完课还可以在钉钉上布置作业和举行考试。

幼苗逢喜雨，百花吐艳；新树度春风，万木争荣。青青园中葵，朝露待日晞，阳春布德泽，万物生光辉。孩子们爱读书，他的生命才能熠熠生辉，老师爱读书才能使三月春光常驻校园。如果说昨天我们从读书中起步；今天，我们在读书中充实；那么明天，我们将在读书中圆梦！潮平两岸阔，风正一帆悬。我们相信，在这个现代化的校园里，将插上腾飞的翅膀，创造新的辉煌！